해법 기초계산 A6

1 4주 완성의 계획적인 수학 학습 !

2 시간 내 푸는 연습을 통한 실전 감각 향상 !

3 다양한 구성의 문제로 사고력 향상 !

계산력이 왜 중요한가?

선생님! 계산력이 왜 중요한가요?

수학 만점으로 가는 길은 계산력에서 시작한단다. 왜 중요한지 수학의 아버지 피타고라스 선생님에게 물어볼까?

계산력은 수학의 뿌리!
계산력 없이 수학은 생각할 수 없지.
수학은 계통성의 학문이라고 해.
역연산으로 인해 덧셈이 뺄셈의 기초가 되고,
곱셈이 확립되어야
나눗셈이 가능해지기 때문이지.
따라서 수학의 근간인 기초 계산력을
완벽하게 다져 주는 것이야말로
수학 만점으로 가는 첫걸음이지.

구성과 특징

개념 만화

만화를 통한 원리 깨치기

만화를 통한 계산 원리와 개념을
이해할 수 있습니다.

1단계

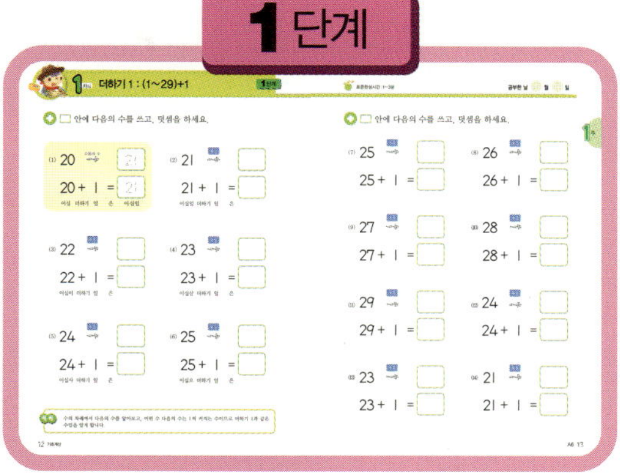

집중 연습으로 계산력 다지기

집중 연습 문제로 기초 계산력을
완벽하게 다질 수 있습니다.

2단계

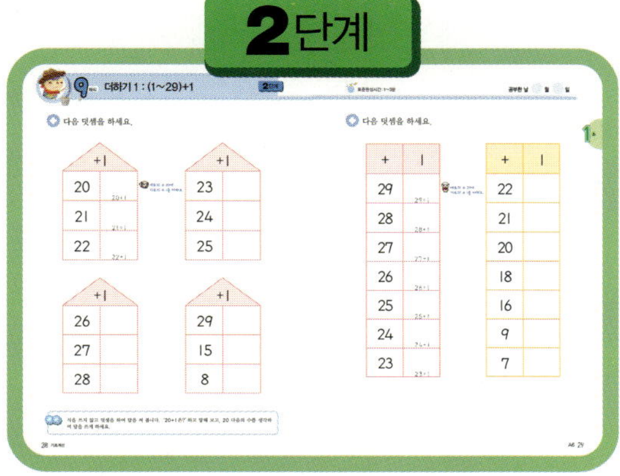

퍼즐형 문제로 정확성 기르기

흥미로운 퍼즐형 문제로 이루어져
집중력과 정확성까지 기를 수 있습니다.

3단계

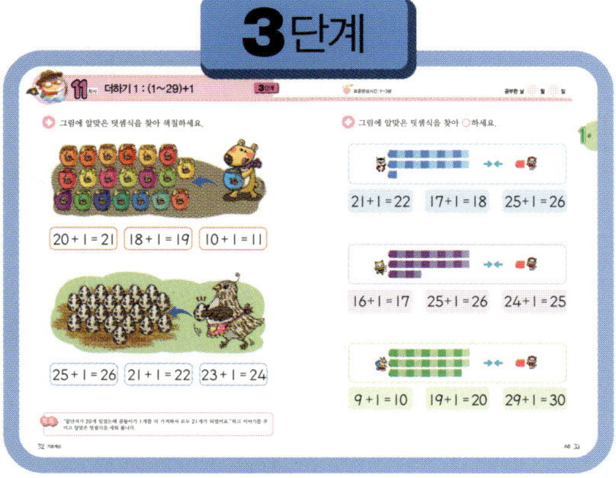

다양한 문제로 사고력 키우기

다양한 문제를 통해 수학적 사고력과
문제 해결력을 높일 수 있습니다.

내용 구성표

권	주	A단계 (5~7세)	B단계 (5~7세)	C단계 (5~7세)
1권	1	일대일 대응, 많다 · 적다	더하기 3 : (1~7)+3	빼기 5 : (1~20)−5
	2	1~5 수 익히기	더하기 3 : (1~17)+3	빼기 6 : (1~20)−6
	3	1~5 수 익히기	더하기 3 : (1~27)+3	빼기 4, 5, 6의 종합
	4	0, 6~10 수 익히기	더하기 1, 2, 3의 종합	더하기 · 빼기의 종합 ①
2권	1	0, 6~10 수 익히기	빼기 1 : (1~10)−1	더하기 · 빼기의 종합 ②
	2	1~10 종합	빼기 1 : (1~20)−1	더하기 7 : (1~9)+7
	3	수 가르기와 수 모으기(1, 2, 3, 4, 5)	빼기 2 : (1~10)−2	더하기 7 : (1~19)+7
	4	수 가르기와 수 모으기(6, 7, 8, 9, 10)	빼기 2 : (1~20)−2	더하기 7 : (1~23)+7
3권	1	11~20 수 익히기	빼기 3 : (1~10)−3	더하기 8 : (1~9)+8
	2	11~20 수 익히기	빼기 3 : (1~20)−3	더하기 8 : (1~22)+8
	3	1~20 종합	빼기 1, 2, 3의 종합	더하기 9 : (1~9)+9
	4	21~30 수 익히기	더하기 · 빼기의 관계 ①	더하기 9 : (1~21)+9
4권	1	31~40 수 익히기	더하기 · 빼기의 관계 ②	더하기 10 : (1~20)+10
	2	41~50 수 익히기	더하기 4 : (1~6)+4	더하기 7, 8, 9, 10의 종합
	3	1~50 종합	더하기 4 : (1~16)+4	더하기 1~10의 종합
	4	51~70 수 익히기	더하기 4 : (1~26)+4	빼기 7 : (1~20)−7
5권	1	71~100 수 익히기	더하기 5 : (1~9)+5	빼기 8 : (1~20)−8
	2	1~100 종합	더하기 5 : (1~15)+5	빼기 9 : (1~20)−9
	3	더하기 1 : (1~9)+1	더하기 5 : (1~25)+5	빼기 10 : (1~20)−10
	4	더하기 1 : (1~19)+1	더하기 6 : (1~9)+6	빼기 7, 8, 9, 10의 종합
6권	1	더하기 1 : (1~29)+1	더하기 6 : (1~14)+6	빼기 1~10의 종합
	2	더하기 2 : (1~8)+2	더하기 6 : (1~24)+6	더하기 · 빼기의 종합 ③
	3	더하기 2 : (1~18)+2	더하기 4, 5, 6의 종합	더하기 · 빼기의 종합 ④
	4	더하기 2 : (1~28)+2	빼기 4 : (1~20)−4	재미있는 더하기 · 빼기의 규칙

권	주	D단계 (초1)	E단계 (초2)	F단계 (초3)	G단계 (초4)
1권	1	더하기 1, 2, 3	받아올림이 있는 (두 자리 수)+(한 자리 수)	(세 자리 수)+(세 자리 수) ①	100, 1000, 10000, 몇백, 몇천 곱하기
	2	합이 5까지인 덧셈	받아내림이 있는 (두 자리 수)-(한 자리 수)	(세 자리 수)+(세 자리 수) ②	(세 자리 수)×(두 자리 수)
	3	합이 9까지인 덧셈	세 수의 덧셈	(세 자리 수)-(세 자리 수) ①	(네 자리 수)×(두 자리 수)
	4	받아올림이 없는 (한 자리 수)+(한 자리 수)	세 수의 뺄셈	(세 자리 수)-(세 자리 수) ②	(세 자리 수)×(세 자리 수)
2권	1	빼기 1, 2, 3	일의 자리에서 받아올림이 있는 (두 자리 수)+(두 자리 수)	2, 3, 4, 5의 단 곱셈구구를 이용한 나눗셈	(세 자리 수)÷(한 자리 수)
	2	5까지의 뺄셈	십의 자리에서 받아올림이 있는 (두 자리 수)+(두 자리 수)	6, 7, 8, 9의 단 곱셈구구를 이용한 나눗셈	(두·세 자리 수)÷(몇십)
	3	9까지의 뺄셈	일, 십의 자리에서 받아올림이 있는 (두 자리 수)+(두 자리 수)	곱셈구구를 이용한 나눗셈 ①	(두·세 자리 수)÷(두 자리 수)
	4	(한 자리 수)-(한 자리 수)	받아올림이 있는 (두 자리 수)+(두 자리 수)	곱셈구구를 이용한 나눗셈 ②	(세·네 자리 수)÷(두 자리 수)
3권	1	10이 되는 더하기	받아내림이 있는 (두 자리 수)-(두 자리 수) ①	(두 자리 수)×(한 자리 수) ①	덧셈과 뺄셈의 혼합 계산
	2	10에서 빼기	받아내림이 있는 (두 자리 수)-(두 자리 수) ②	(두 자리 수)×(한 자리 수) ②	곱셈과 나눗셈의 혼합 계산
	3	세 수의 계산 ①	세 수의 계산 ①	(두 자리 수)×(한 자리 수) ③	혼합 계산 1
	4	세 수의 계산 ②	세 수의 계산 ②	(두 자리 수)×(한 자리 수) ④	혼합 계산 2
4권	1	받아올림이 없는 (두 자리 수)+(한 자리 수)	2, 3, 4, 5의 단 곱셈구구	(네 자리 수)+(세 자리 수)	분수의 이해 1
	2	받아올림이 없는 (두 자리 수)+(두 자리 수)	6, 7, 8, 9의 단 곱셈구구	(네 자리 수)+(네 자리 수)	분수의 이해 2
	3	받아내림이 없는 (두 자리 수)-(한 자리 수)	곱셈구구 ①	(네 자리 수)-(세 자리 수)	분수의 이해 3
	4	받아내림이 없는 (두 자리 수)-(두 자리 수)	곱셈구구 ②	(네 자리 수)-(네 자리 수)	분수의 덧셈
5권	1	두 수의 합이 10이 되는 세 수의 덧셈	받아올림이 없는 (세 자리 수)+(세 자리 수)	(세 자리 수)×(한 자리 수)	분수의 덧셈
	2	(한 자리 수)+(한 자리 수) ①	일의 자리에서 받아올림이 있는 (세 자리 수)+(세 자리 수)	(한 자리 수)×(두 자리 수)	분수의 뺄셈 1
	3	(한 자리 수)+(한 자리 수) ②	십의 자리에서 받아올림이 있는 (세 자리 수)+(세 자리 수)	(두 자리 수)×(두 자리 수) ①	분수의 뺄셈 2
	4	(한 자리 수)+(한 자리 수)의 종합	일, 십의 자리에서 받아올림이 있는 (세 자리 수)+(세 자리 수)	(두 자리 수)×(두 자리 수) ②	세 분수의 덧셈과 뺄셈
6권	1	(십 몇)-(한 자리 수) ①	받아내림이 없는 (세 자리 수)-(세 자리 수)	(두 자리 수)÷(한 자리 수) ①	소수 한 자리 수의 덧셈
	2	(십 몇)-(한 자리 수) ②	십의 자리에서 받아내림이 있는 (세 자리 수)-(세 자리 수)	(두 자리 수)÷(한 자리 수) ②	소수 두·세 자리 수의 덧셈
	3	세 수의 덧셈	백의 자리에서 받아내림이 있는 (세 자리 수)-(세 자리 수)	(두 자리 수)÷(한 자리 수) ③	소수 한 자리 수의 뺄셈
	4	세 수의 뺄셈	십, 백의 자리에서 받아내림이 있는 (세 자리 수)-(세 자리 수)	(두 자리 수)÷(한 자리 수) ④	소수 두·세 자리 수의 뺄셈

활용 가이드

Q 아이 수준을 몰라서 어느 단계의 교재를 선택하면 될지 모르겠어요.

A 한 페이지에서 틀린 문제가 6문제 이상이면 이전 단계의 교재부터 시작하세요.

Q 계산 실수를 자주 해요.

A 매일매일 공부하는 습관으로 정확성을 키우세요.

Q 시험 시간이 부족해요.

A 정해진 시간 안에 푸는 연습으로 실전 감각을 키우세요.

Q 공부 계획을 스스로 세우기 힘들어요.

A 스케줄표를 이용해 계획을 세워 2주, 4주 완성에 도전하세요.

4주 완성 스케줄표

활용 방법 매일 2장(2차시)씩 풀면 24일 만에 완성할 수 있습니다.

주						
1주	1일	2일	3일	4일	5일	6일
확인	12~15쪽	16~19쪽	20~23쪽	24~27쪽	28~31쪽	32~35쪽
2주	7일	8일	9일	10일	11일	12일
확인	40~43쪽	44~47쪽	48~51쪽	52~55쪽	56~59쪽	60~63쪽
3주	13일	14일	15일	16일	17일	18일
확인	68~71쪽	72~75쪽	76~79쪽	80~83쪽	84~87쪽	88~91쪽
4주	19일	20일	21일	22일	23일	24일
확인	96~99쪽	100~103쪽	104~107쪽	108~111쪽	112~115쪽	116~119쪽

※ 매일 4장(4차시)씩 풀면 12일 만에 완성할 수 있습니다.

더하기 1 : (1~29)+1

학습 체크표 매일 학습이 끝나면 채점을 하고 체크표를 작성하여 나의 실력을 알아보세요.

차시	단계	공부한 날	잘 했나요?
1차시	1단계	월 일	
2차시		월 일	
3차시		월 일	
4차시		월 일	
5차시		월 일	
6차시		월 일	
7차시		월 일	
8차시		월 일	
9차시	2단계	월 일	
10차시		월 일	
11차시	3단계	월 일	
12차시		월 일	

틀린 개수가

0~1 개이면 (아주 잘함)에, 2~3 개이면 (잘함)에,
4~5 개이면 (보통)에, 6 개 이상이면 (노력 바람)에 색칠해 주세요.

만화로 개념 알아보기

학습목표 더하기 1의 개념 이해를 바탕으로 다양한 문제를 풀어 봄으로써 더하기 1 문제를 능숙하게 풀 수 있습니다.

우리 딱지치기 할래?

그래, 이긴 사람한테 딱지 1개씩 주는 거야.

에잇! 와! 이겼다!

...하하하

야호! 와! 이겼다!

하... 하...

만세~ 또 이겼다!

끄응...

20개에서 1개 더 생기면 내 딱지는 모두 21개다!
으으~ 두고 봐라~
네 딱지를 모두 다 가져올테다!
비끗
흐흐... 실패!!!
아으 분하다~!
에잇! 내가 또 이겼다!
찰싹!

헤헤, 내가 또 이겼으니
1개 내놔! 21+1=22니까
모두 22개다.
끄응...
잠깐
기다려!
이번엔 절대 못
이길걸!
받아라~!!!
헉!!!
영차
영차

1 차시 더하기 1 : (1~29)+1

□ 안에 다음의 수를 쓰고, 덧셈을 하세요.

(1) 20 —다음의 수→ 21

20 + 1 = 21

이십 더하기 일 은 이십일

(2) 21 —+1→ □

21 + 1 = □

이십일 더하기 일 은

(3) 22 —+1→ □

22 + 1 = □

이십이 더하기 일 은

(4) 23 —+1→ □

23 + 1 = □

이십삼 더하기 일 은

(5) 24 —+1→ □

24 + 1 = □

이십사 더하기 일 은

(6) 25 —+1→ □

25 + 1 = □

이십오 더하기 일 은

수의 차례에서 다음의 수를 알아보고, 어떤 수 다음의 수는 1씩 커지는 수이므로 더하기 1과 같은 수임을 알게 합니다.

□ 안에 다음의 수를 쓰고, 덧셈을 하세요.

(7) 25 $\xrightarrow{+1}$ □

25 + 1 = □

(8) 26 $\xrightarrow{+1}$ □

26 + 1 = □

(9) 27 $\xrightarrow{+1}$ □

27 + 1 = □

(10) 28 $\xrightarrow{+1}$ □

28 + 1 = □

(11) 29 $\xrightarrow{+1}$ □

29 + 1 = □

(12) 24 $\xrightarrow{+1}$ □

24 + 1 = □

(13) 23 $\xrightarrow{+1}$ □

23 + 1 = □

(14) 21 $\xrightarrow{+1}$ □

21 + 1 = □

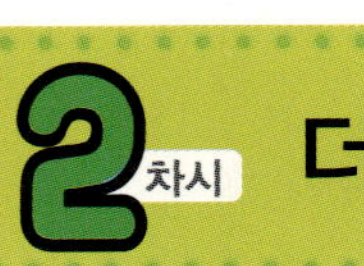

더하기 1 : (1~29)+1

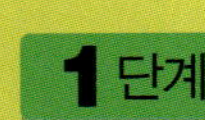

수를 모아 ☐ 안에 알맞은 수를 쓰고, 덧셈을 하세요.

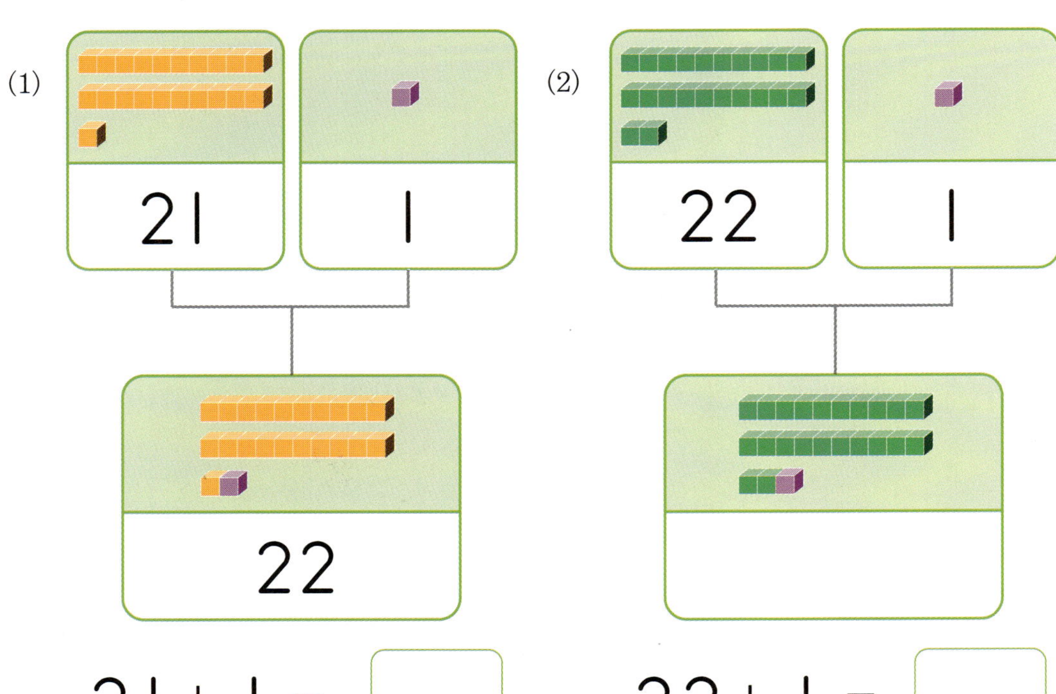

$21+1=$ ☐

$22+1=$ ☐

수를 모아 □ 안에 알맞은 수를 쓰고, 덧셈을 하세요.

(3)

25 + 1 = 26

(4)

27 + 1 = □

(5)

24 + 1 = □

(6)

28 + 1 = □

(7)

26 + 1 = □

(8)

29 + 1 = □

더하기 1 : (1~29)+1

다음 덧셈을 하세요.

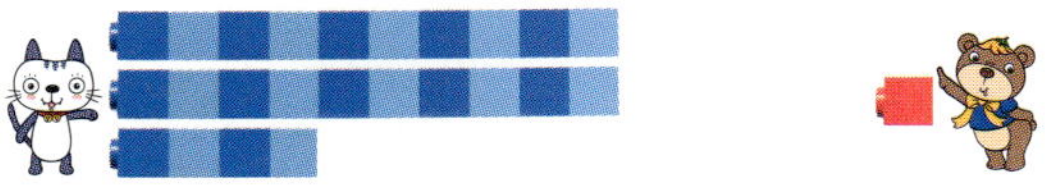

(1) 24 + 1 = ☐
이십사 더하기 일 은

*24에 1을 더한 수는 24보다 1 큰 수와 같아요.

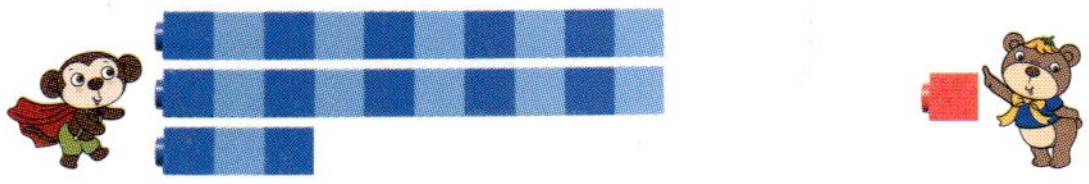

(2) 23 + 1 = ☐
이십삼 더하기 일 은

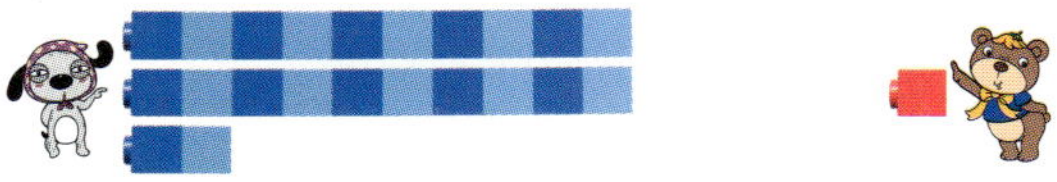

(3) 22 + 1 = ☐
이십이 더하기 일 은

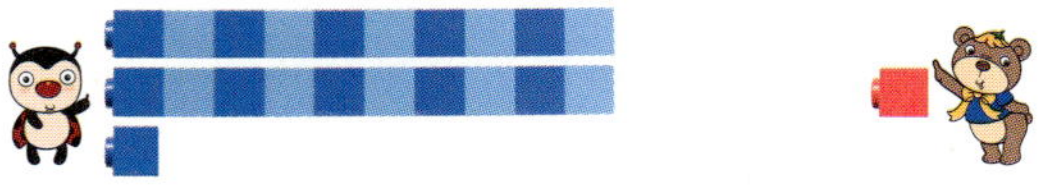

(4) 21 + 1 = ☐
이십일 더하기 일 은

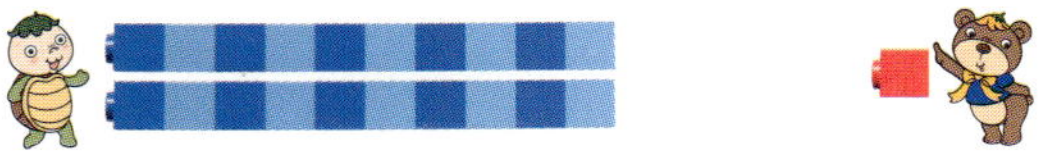

(5) 20 + 1 = ☐
이십 더하기 일 은

더하기 1을 하는 것은 수가 1씩 커지는 것을 의미합니다. 블록을 이용하여 더하기 1을 충분히 연습해 봅니다.

 다음 덧셈을 하세요.

1주

(6) 29 + 1 = □

(7) 28 + 1 = □

(8) 27 + 1 = □

(9) 26 + 1 = □

(10) 25 + 1 = □

(11) 24 + 1 = □

(12) 23 + 1 = □

(13) 22 + 1 = □

(14) 21 + 1 = □

(15) 20 + 1 = □

(16) 24 + 1 = □

(17) 27 + 1 = □

(18) 22 + 1 = □

(19) 26 + 1 = □

이십 몇 더하기 1을 익숙해질 때까지 연습장에 식을 써 놓고 반복하여 연습합니다.

4 차시 더하기 1 : (1~29)+1

1단계

다음 덧셈을 하세요.

(1) $20 + 1 =$ ☐

(2) $22 + 1 =$ ☐

(3) $25 + 1 =$ ☐

(4) $24 + 1 =$ ☐

(5) $28 + 1 =$ ☐

(6) $26 + 1 =$ ☐

(7) $27 + 1 =$ ☐

(8) $21 + 1 =$ ☐

(9) $29 + 1 =$ ☐

(10) $23 + 1 =$ ☐

(11) $25 + 1 =$ ☐

(12) $20 + 1 =$ ☐

(13) $28 + 1 =$ ☐

(14) $27 + 1 =$ ☐

(15) $29 + 1 =$ ☐

다음 덧셈을 하세요.

(16) $6 + 1 =$ ☐

(17) $8 + 1 =$ ☐

(18) $7 + 1 =$ ☐

(19) $10 + 1 =$ ☐

(20) $15 + 1 =$ ☐

(21) $13 + 1 =$ ☐

(22) $12 + 1 =$ ☐

(23) $17 + 1 =$ ☐

(24) $20 + 1 =$ ☐

(25) $24 + 1 =$ ☐

(26) $23 + 1 =$ ☐

(27) $25 + 1 =$ ☐

(28) $27 + 1 =$ ☐

(29) $29 + 1 =$ ☐

(30) $28 + 1 =$ ☐

(31) $21 + 1 =$ ☐

5 차시 더하기 1 : (1~29)+1

다음 덧셈을 하세요.

(1) 1 + 1 = ☐

일의 자리 숫자끼리 더하여 오른쪽에 써요.

11 + 1 = ☐

십의 자리 숫자는 일의 자리 숫자 왼쪽에 써요.

21 + 1 = ☐

(2) 2 + 1 = ☐

12 + 1 = ☐

22 + 1 = ☐

(3) 3 + 1 = ☐

13 + 1 = ☐

23 + 1 = ☐

(4) 14 + 1 = ☐

24 + 1 = ☐

(5) 15 + 1 = ☐

25 + 1 = ☐

다음 덧셈을 하세요.

(6) 6 + 1 = □

16 + 1 = □

26 + 1 = □

(7) 7 + 1 = □

17 + 1 = □

27 + 1 = □

(8) 8 + 1 = □

18 + 1 = □

28 + 1 = □

(9) 9 + 1 = □

19 + 1 = □

29 + 1 = □

(10) 10 + 1 = □

20 + 1 = □

(11) 13 + 1 = □

23 + 1 = □

더하는 수가 같고, 더해지는 수가 10씩 커지는 덧셈식의 결과가 어떻게 될지 답을 쓰고 비교해 봅니다.

6 차시 더하기 1 : (1~29)+1

1 단계

다음 덧셈을 하세요.

(1) $4 + 1 = \square$

(2) $5 + 1 = \square$

손가락으로 세지 않아도 알 수 있어.

(3) $9 + 1 = \square$

(4) $11 + 1 = \square$

(5) $16 + 1 = \square$

(6) $14 + 1 = \square$

(7) $18 + 1 = \square$

(8) $19 + 1 = \square$

(9) $23 + 1 = \square$

(10) $25 + 1 = \square$

(11) $22 + 1 = \square$

(12) $26 + 1 = \square$

(13) $28 + 1 = \square$

(14) $21 + 1 = \square$

(15) $20 + 1 = \square$

(16) $27 + 1 = \square$

다음 덧셈을 하세요.

(17) 3 + 1 = ☐

(18) 10 + 1 = ☐

(19) 6 + 1 = ☐

(20) 12 + 1 = ☐

(21) 13 + 1 = ☐

(22) 17 + 1 = ☐

(23) 21 + 1 = ☐

(24) 15 + 1 = ☐

(25) 29 + 1 = ☐

(26) 23 + 1 = ☐

(27) 24 + 1 = ☐

(28) 20 + 1 = ☐

(29) 25 + 1 = ☐

(30) 22 + 1 = ☐

(31) 26 + 1 = ☐

(32) 28 + 1 = ☐

7 차시 더하기 1 : (1~29)+1

1 단계

다음 덧셈을 하세요.

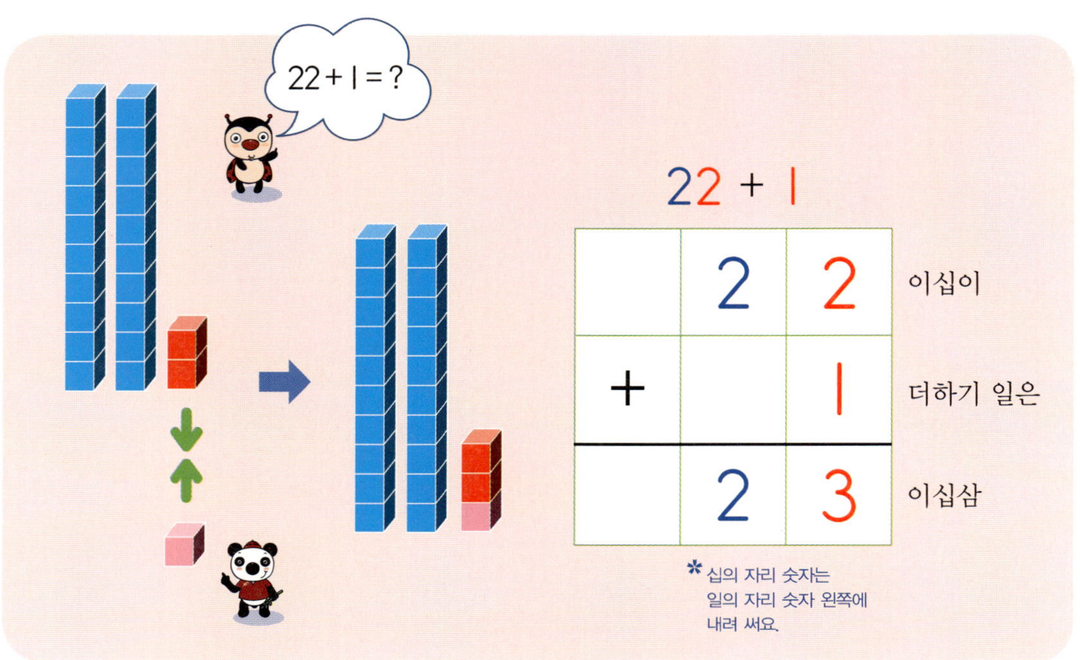

(1) 20 + 1

	2	0
+		1

(2) 21 + 1

	2	1
+		1

(3) 23 + 1

	2	3
+		1

이십 몇 더하기 1을 세로셈으로 익혀 봅니다. 일의 자리 숫자끼리 더하여 일의 자리에 쓰고, 십의 자리 숫자는 십의 자리에 내려 씁니다.

 다음 덧셈을 하세요.

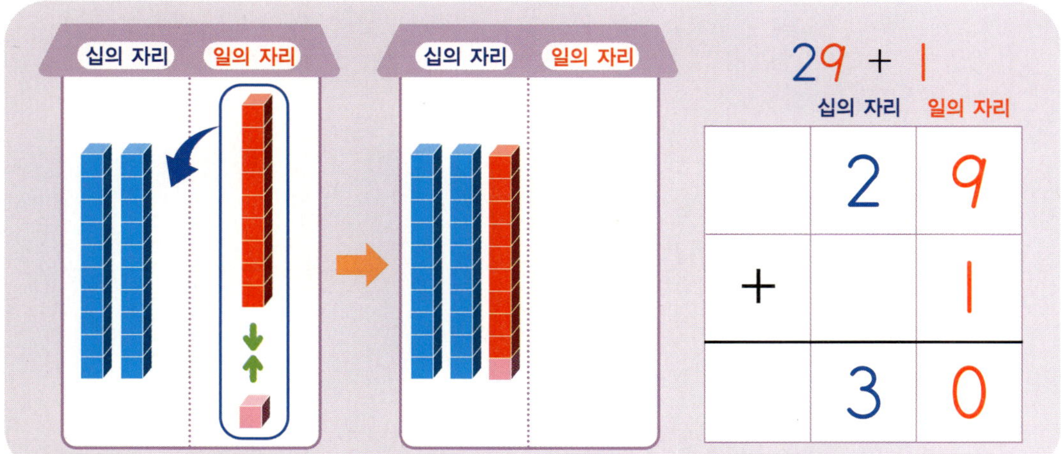

(4) 28 + 1

	2	8
+		1

(5) 27 + 1

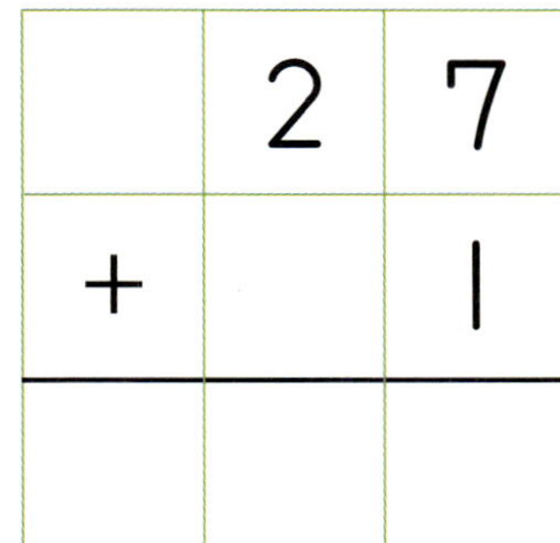

	2	7
+		1

(6) 26 + 1

	2	6
+		1

(7) 25 + 1

	2	5
+		1

(8) 24 + 1

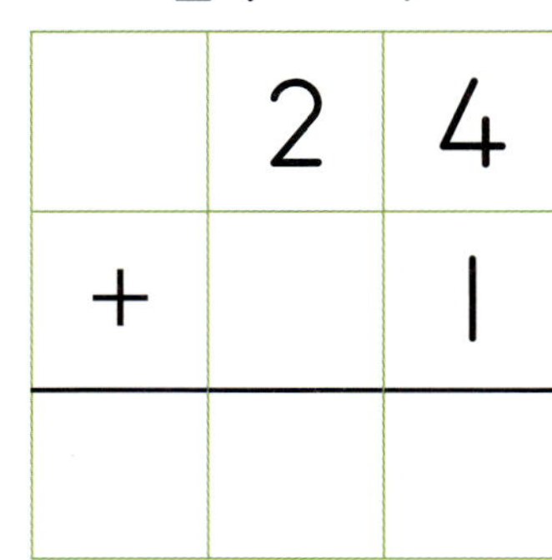

	2	4
+		1

(9) 23 + 1

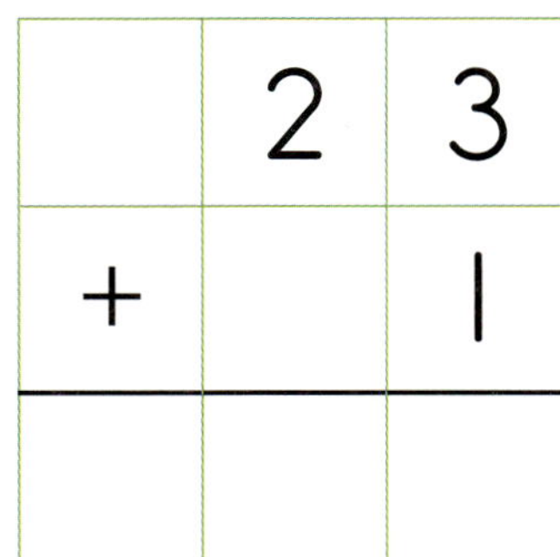

	2	3
+		1

8 차시 더하기 1 : (1~29)+1

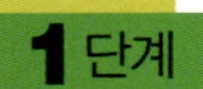

 다음 덧셈을 하세요.

(1)

		5
+		1

(2)

		9
+		1

(3)

	1	3
+		1

(4)

	1	2
+		1

(5)

	2	4
+		1

(6)

	2	7
+		1

(7)

	1	5
+		1

(8)

	2	0
+		1

(9)

	2	8
+		1

다음 덧셈을 하세요.

(10) $\begin{array}{r} 3 \\ +\ 1 \\ \hline \end{array}$

(11) $\begin{array}{r} 6 \\ +\ 1 \\ \hline \end{array}$

(12) $\begin{array}{r} 7 \\ +\ 1 \\ \hline \end{array}$

(13) $\begin{array}{r} 11 \\ +\ 1 \\ \hline \end{array}$

(14) $\begin{array}{r} 14 \\ +\ 1 \\ \hline \end{array}$

(15) $\begin{array}{r} 16 \\ +\ 1 \\ \hline \end{array}$

(16) $\begin{array}{r} 23 \\ +\ 1 \\ \hline \end{array}$

(17) $\begin{array}{r} 21 \\ +\ 1 \\ \hline \end{array}$

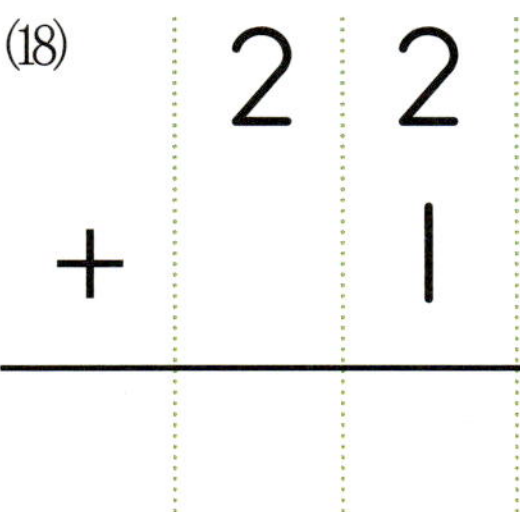

(18) $\begin{array}{r} 22 \\ +\ 1 \\ \hline \end{array}$

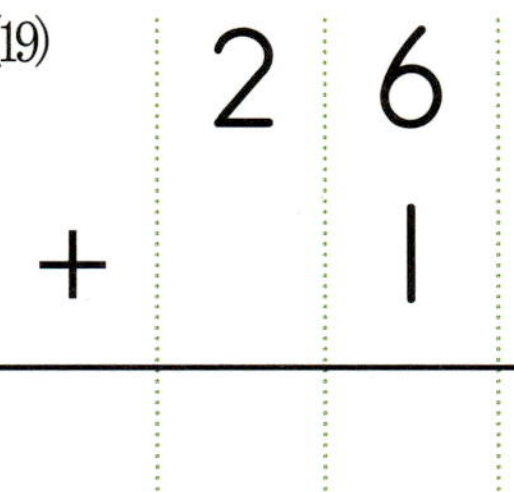

(19) $\begin{array}{r} 26 \\ +\ 1 \\ \hline \end{array}$

(20) $\begin{array}{r} 25 \\ +\ 1 \\ \hline \end{array}$

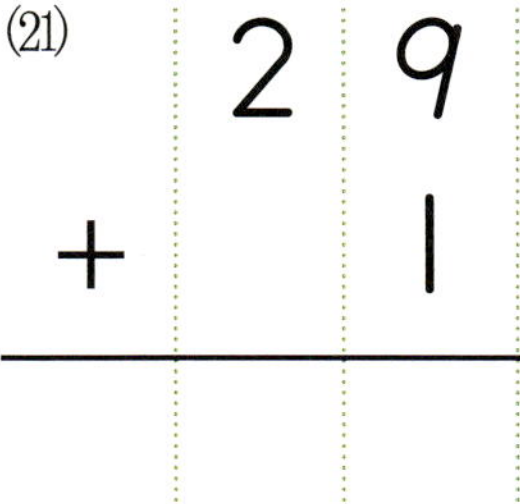

(21) $\begin{array}{r} 29 \\ +\ 1 \\ \hline \end{array}$

9 차시 더하기 1 : (1~29)+1

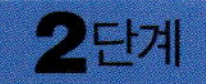

다음 덧셈을 하세요.

+1	
20	20+1
21	21+1
22	22+1

세로의 수 20에 가로의 수 1을 더해요.

+1	
23	
24	
25	

+1	
26	
27	
28	

+1	
29	
15	
8	

식을 쓰지 않고 덧셈을 하여 답을 써 봅니다. '20+1은?' 하고 말해 보고, 20 다음의 수를 생각하여 답을 쓰게 하세요.

다음 덧셈을 하세요.

+	1
29	29+1
28	28+1
27	27+1
26	26+1
25	25+1
24	24+1
23	23+1

세로의 수 29에 가로의 수 1을 더해요.

+	1
22	
21	
20	
18	
16	
9	
7	

다음 덧셈을 하세요.

+	26	21
1	26+1	21+1

가로의 수 26에 세로의 수 1을 더해요.

+	25	23
1		

+	24	27
1		

+	28	22
1		

+	20	29
1		

+	17	19
1		

다음 덧셈을 하세요.

+	22	25	24	27
1	22+1	25+1	24+1	27+1

가로의 수 22에
세로의 수 1을 더해요.

+	26	29	23	19
1				

+	28	20	21	18
1				

11 차시 더하기 1 : (1~29)+1

3단계

그림에 알맞은 덧셈식을 찾아 색칠하세요.

$20+1=21$	$18+1=19$	$10+1=11$

$25+1=26$	$21+1=22$	$23+1=24$

꼭꼭 "꿀단지가 20개 있었는데 곰돌이가 1개를 더 가져와서 모두 21개가 되었어요."하고 이야기를 꾸미고 알맞은 덧셈식을 세워 봅니다.

그림에 알맞은 덧셈식을 찾아 ○하세요.

21+1=22　　17+1=18　　25+1=26

16+1=17　　25+1=26　　24+1=25

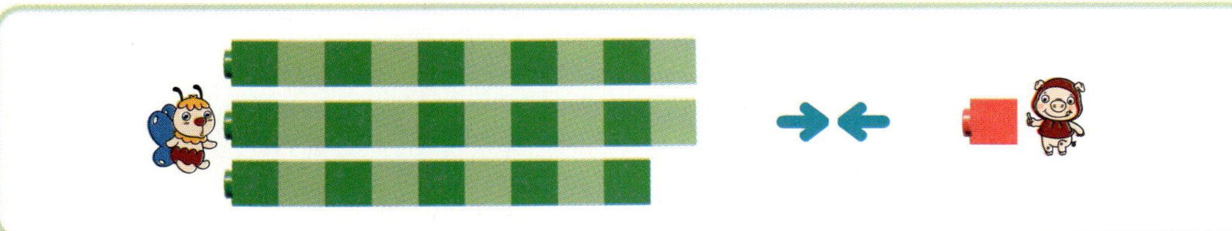

9+1=10　　19+1=20　　29+1=30

12차시 더하기 1 : (1~29)+1

3단계

□ 안에 알맞은 수를 써넣어 덧셈식을 완성하세요.

□ + □ = □

□ + □ = □

"인형이 23개가 있었는데 1개를 더 가져와서 모두 24개가 되었어요."하고, 재미있게 이야기를 꾸며 보며 덧셈식을 완성하게 합니다.

 덧셈을 하고, 계산 결과가 더 큰 덧셈식에 ○하세요.

$3 + 1 = \square$ — $13 + 1 = \square$

(더해지는 수)+(더하는 수)
더하는 수가 같은 두 덧셈식에서는 더해지는 수가 클수록 더 큰 덧셈식이 돼.

$20 + 1 = \square$ — $19 + 1 = \square$

$24 + 1 = \square$ — $14 + 1 = \square$

$26 + 1 = \square$ — $27 + 1 = \square$

똑같은 수를 더하므로 더해지는 수의 크기만으로 어떤 덧셈식이 더 큰지 알 수 있습니다.

더하기 2 : (1~8)+2

학습 체크표 매일 학습이 끝나면 채점을 하고 체크표를 작성하여 나의 실력을 알아보세요.

차시	단계	공부한 날	잘 했나요?
13차시	1단계	월 일	☺ ☺ ☹ ☹
14차시		월 일	
15차시		월 일	
16차시		월 일	
17차시		월 일	
18차시		월 일	
19차시		월 일	
20차시		월 일	
21차시	2단계	월 일	
22차시		월 일	
23차시	3단계	월 일	
24차시		월 일	

틀린 개수가

0~1개이면 (아주 잘함)에, 2~3개이면 (잘함)에,
4~5개이면 (보통)에, 6개 이상이면 (노력 바람)에 색칠해 주세요.

만화로 개념 알아보기

학습목표 다음 다음의 수와 수 모으기, 2 큰 수 등 다양한 방법으로 더하기 2 개념을 익혀 능숙하게 계산할 수 있습니다.

끄응...

무슨 고민이라도 있니?

뜀뛰기는 자신 있는데 더하기 2는 너무 어려워요...

흐~음

그럼 우리 뜀뛰기 놀이 할까?

와~ 신난다~

1부터 시작해서 깡충깡충 2씩 뛰어 세는 거야.

훗...!

그 정도는 아주 쉽지요

2주

만화로 개념 알아보기

1, 3, 5, 7, 9 ...
통
통
통
통
통!
다음 다음의 수
다음 다음의 수
다음 다음의 수
다음 다음의 수
다음 다음의 수
1 2 3
2씩 뛰어 세기 쯤이야 아주 쉽지요!
와~ 우리 아들 더하기 2를 참 잘하네!
네? 전 그냥 2씩 뛰어 세기를 한 건데요...?

더하기 2는 다음 다음
의 수와 같아. 그러니까 2씩 뛰어
센 수가 더하기 2와 똑같은
거란다.
와아
1→2→3
1+2=3

2 더하기 2는 4,
4 더하기 2는 6,
6 더하기 2는 8,
8 더하기 2는 10,
더하기 2는 정말
쉬워요!

우와~
잘한다,
우리 아들!
에구구!
번쩍

13 차시 더하기 2 : (1~8)+2

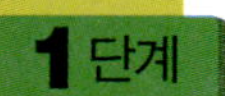

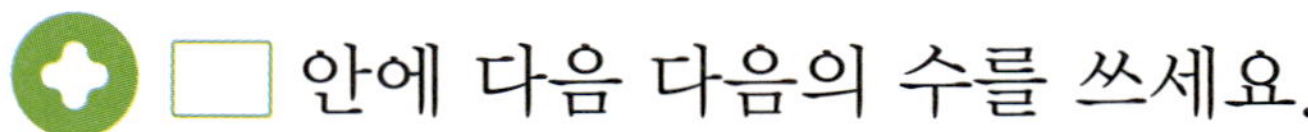

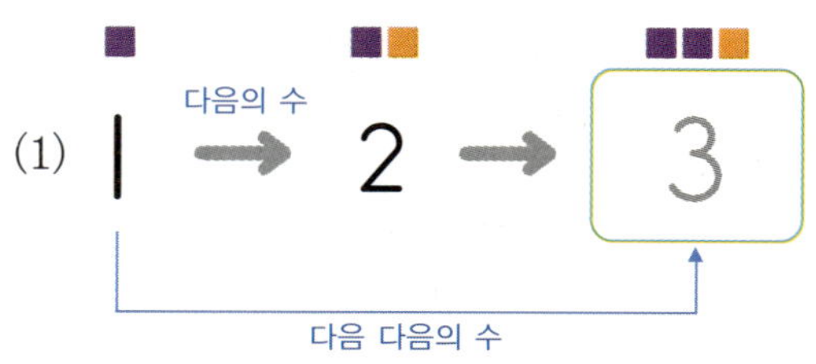

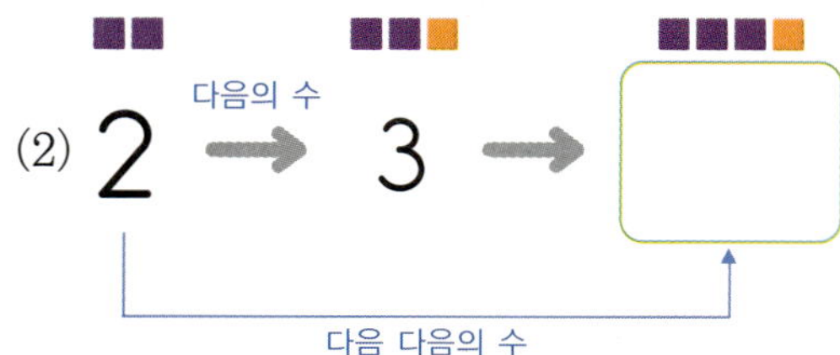

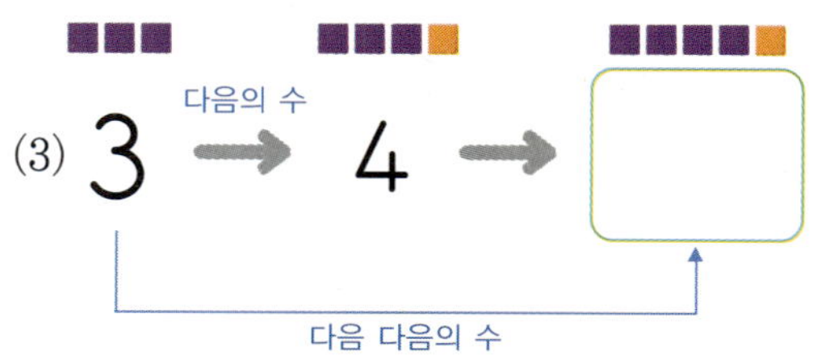

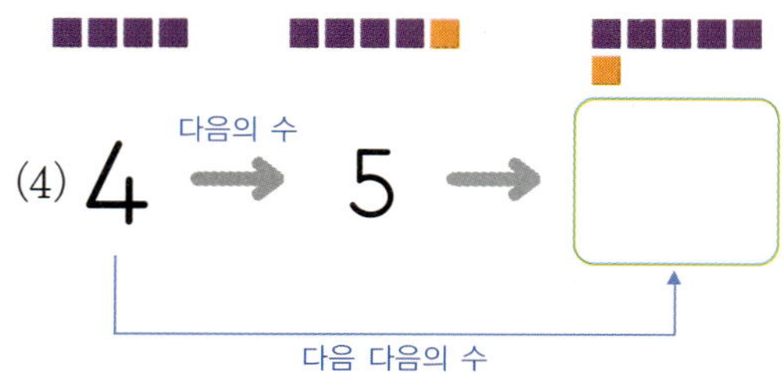

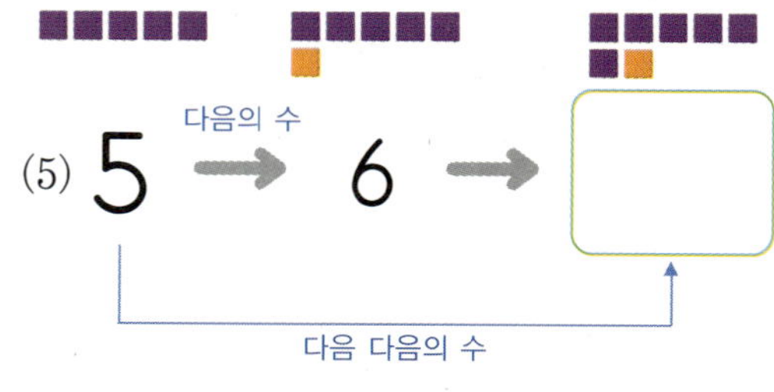

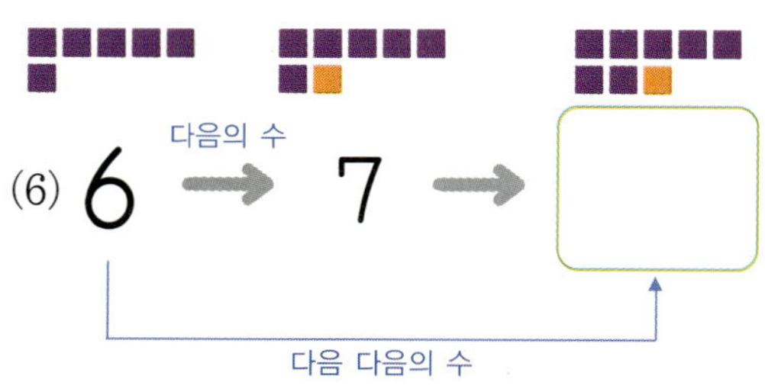

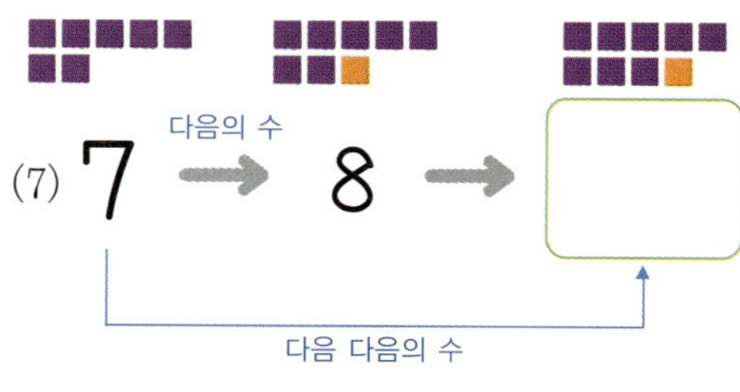

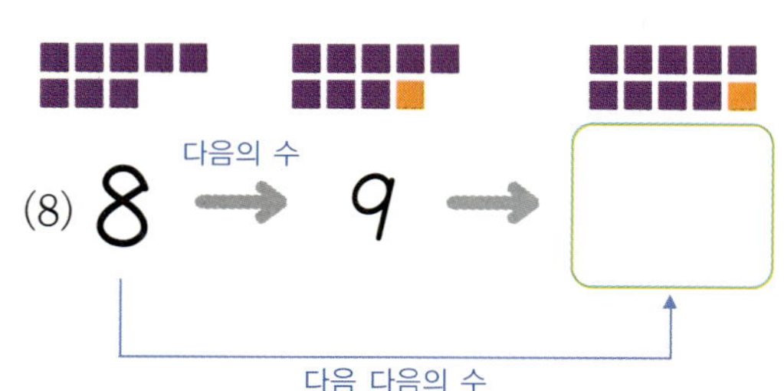

□ 안에 다음 다음의 수를 쓰세요.

(9) 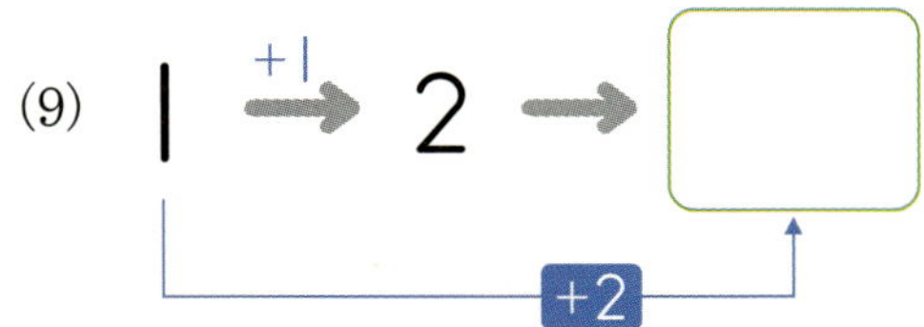

(10) 

(11) 4 $\xrightarrow{+1}$ 5 → □ (+2)

(12) 2 $\xrightarrow{+1}$ 3 → □ (+2)

(13) 3 $\xrightarrow{+1}$ 4 → □ (+2)

(14) 7 $\xrightarrow{+1}$ 8 → □ (+2)

(15) 6 $\xrightarrow{+1}$ 7 → □ (+2)

(16) 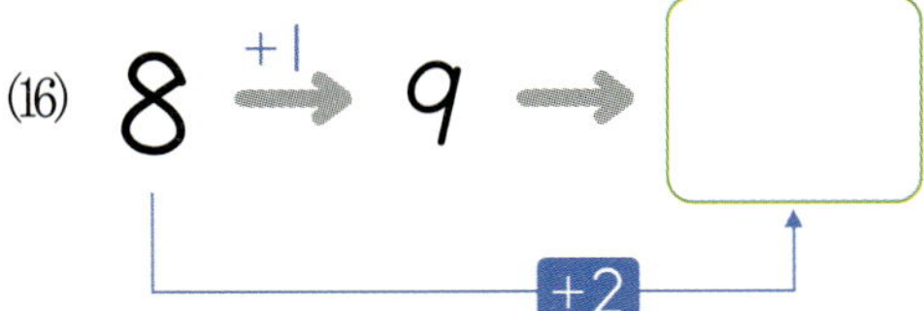

(17) 5 $\xrightarrow{+1}$ 6 → □ (+2)

(18) 4 $\xrightarrow{+1}$ 5 → □ (+2)

□ 안에 다음 다음의 수를 쓰고, 덧셈을 하세요.

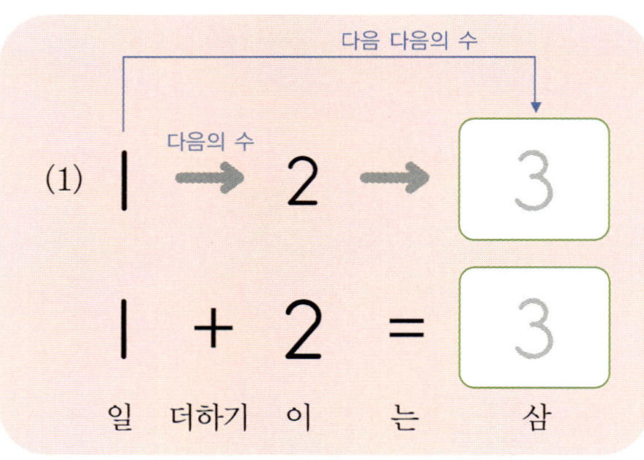

(2) 4 →(+1) 5 → □ (+2)

4 + 2 = □

사 더하기 이 는

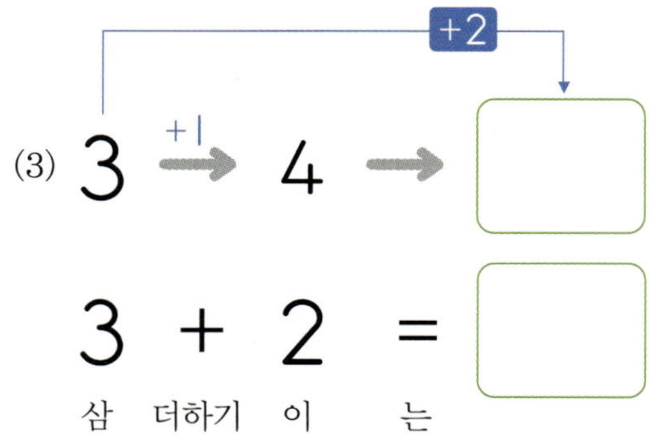

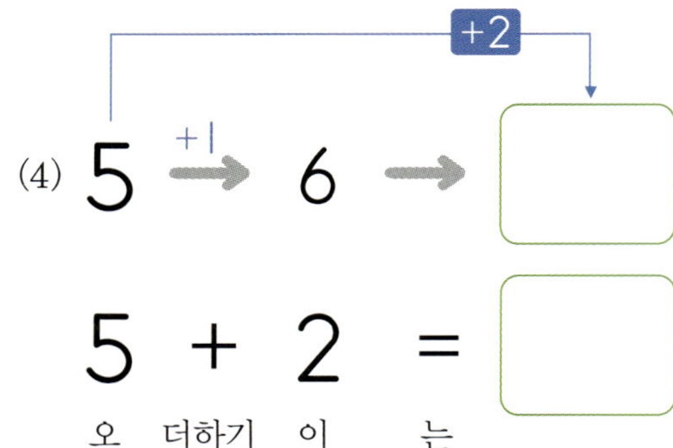

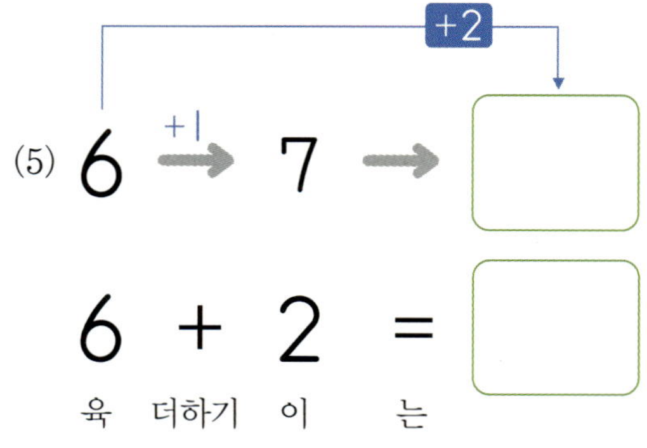

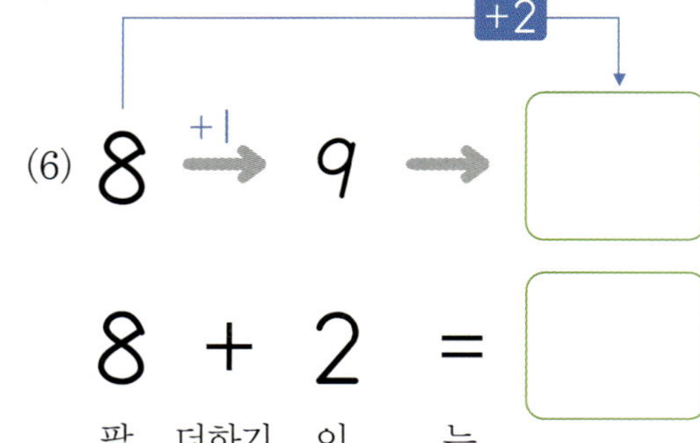

수의 차례에서 다음 다음의 수는 2씩 커지는 수입니다. 2씩 커지는 수는 더하기 2와 같음을 알게 합니다.

□ 안에 다음 다음의 수를 쓰고, 덧셈을 하세요.

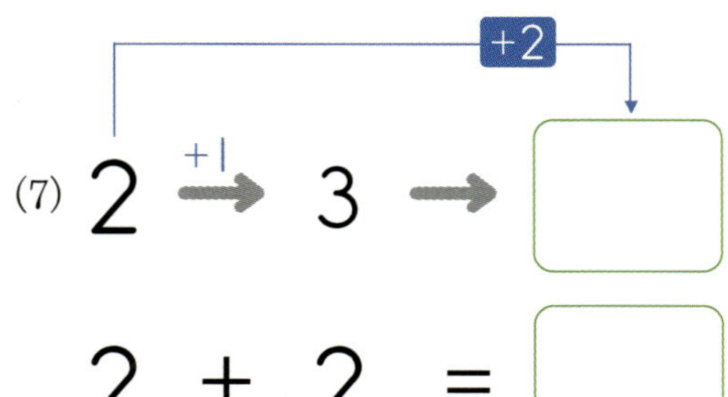

(7) 2 →(+1) 3 → □ (+2)

2 + 2 = □

(8) 4 →(+1) 5 → □ (+2)

4 + 2 = □

(9) 3 →(+1) 4 → □ (+2)

3 + 2 = □

(10) 5 →(+1) 6 → □ (+2)

5 + 2 = □

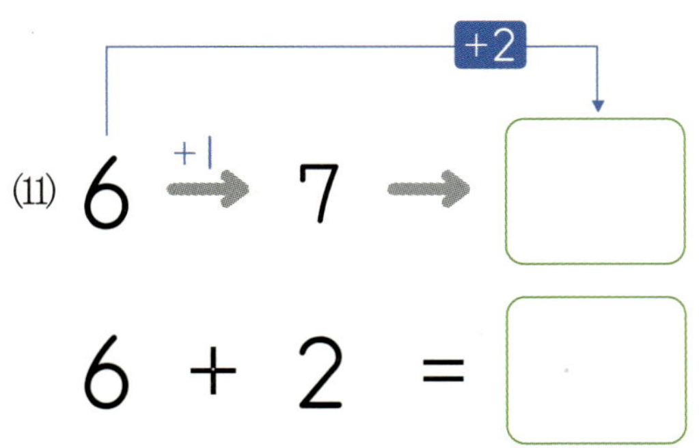

(11) 6 →(+1) 7 → □ (+2)

6 + 2 = □

(12) 7 →(+1) 8 → □ (+2)

7 + 2 = □

15차시 더하기 2 : (1~8)+2

수를 모아 □ 안에 알맞은 수를 쓰고, 덧셈을 하세요.

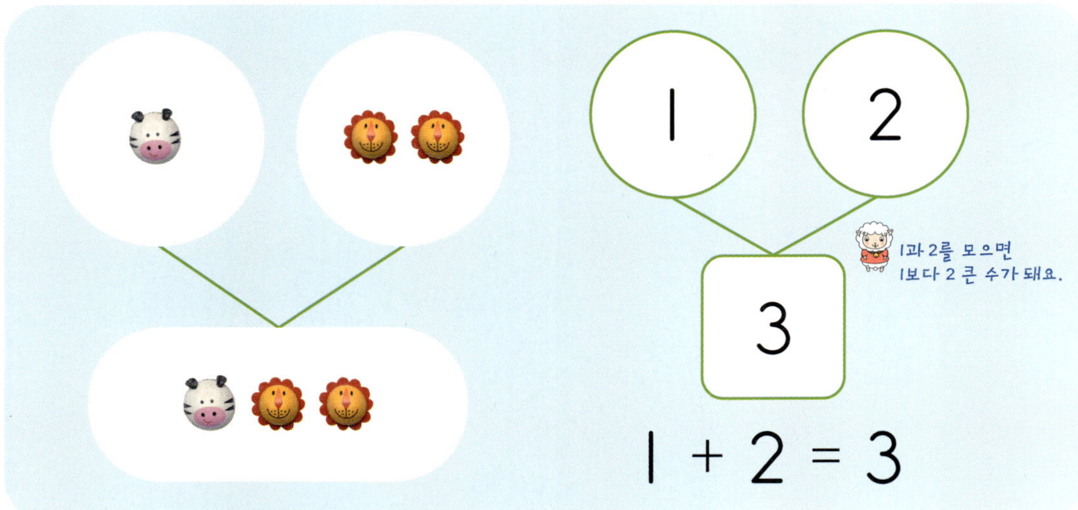

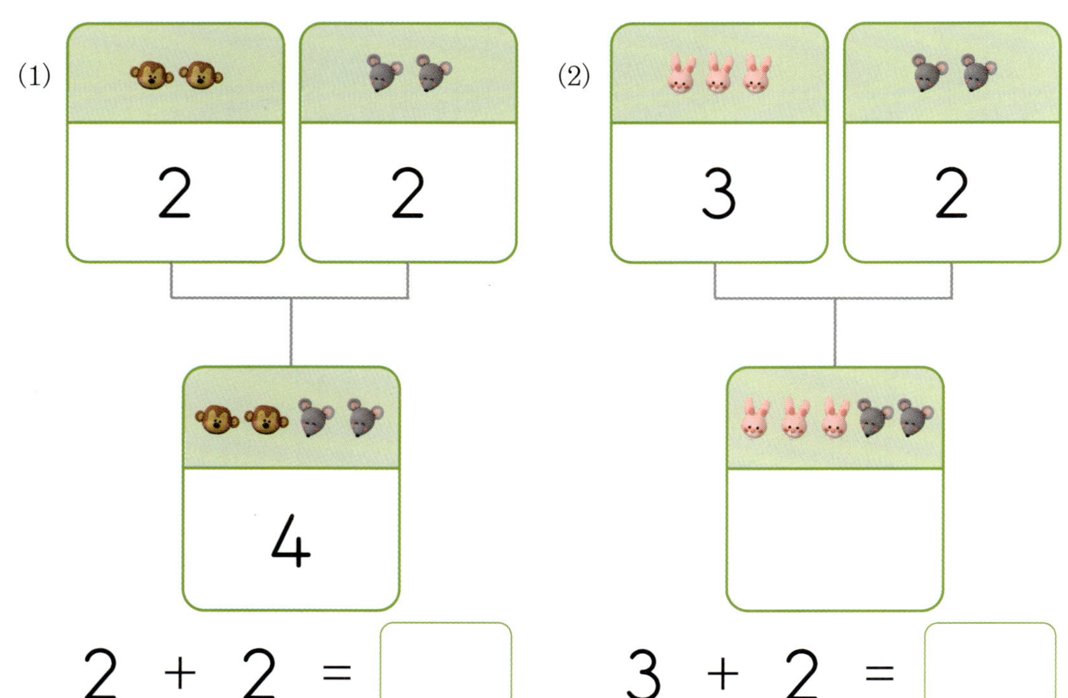

(1) 2 + 2 = □

(2) 3 + 2 = □

꼭꼭 두 수를 모으면 어떤 수가 되는지 알아봅니다. 어떤 수와 2를 모으면 어떤 수보다 2 큰 수이므로 더하기 2를 하는 것과 같습니다.

수를 모아 □ 안에 알맞은 수를 쓰고, 덧셈을 하세요.

(3)
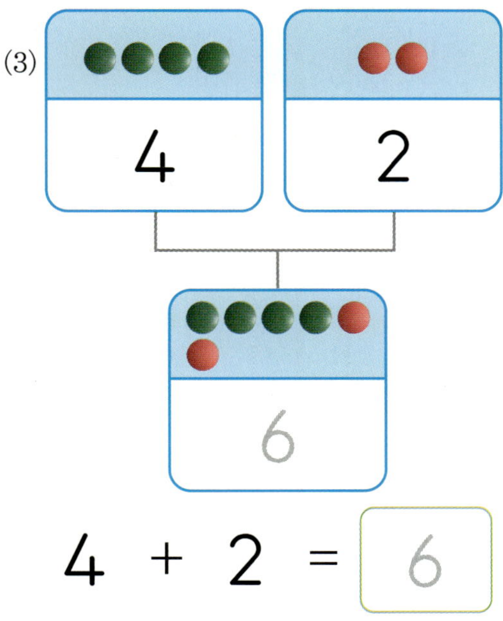

4 + 2 = 6

(4)
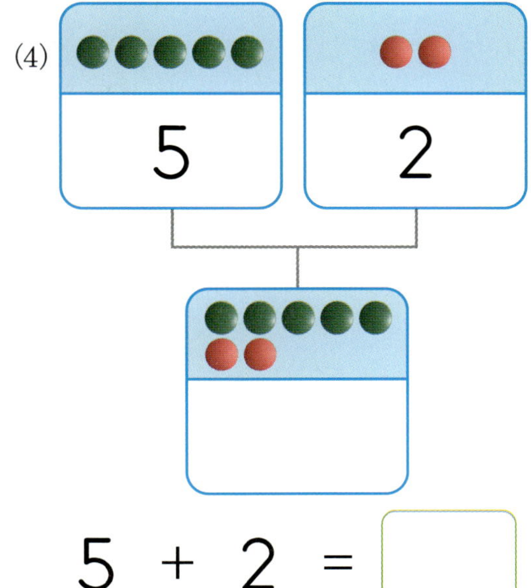

5 + 2 = □

(5)
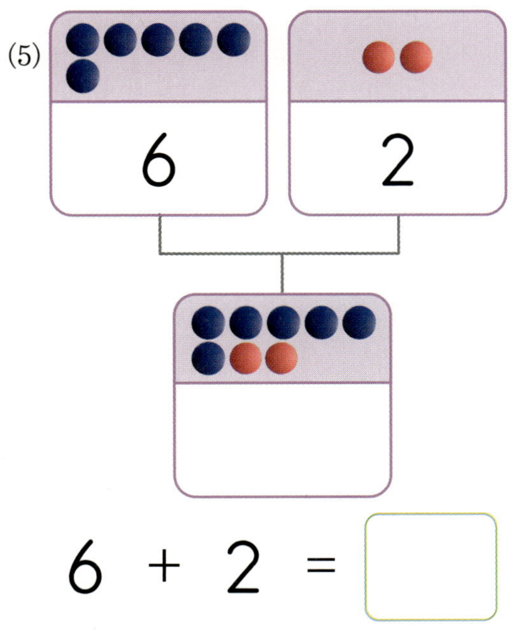

6 + 2 = □

(6)
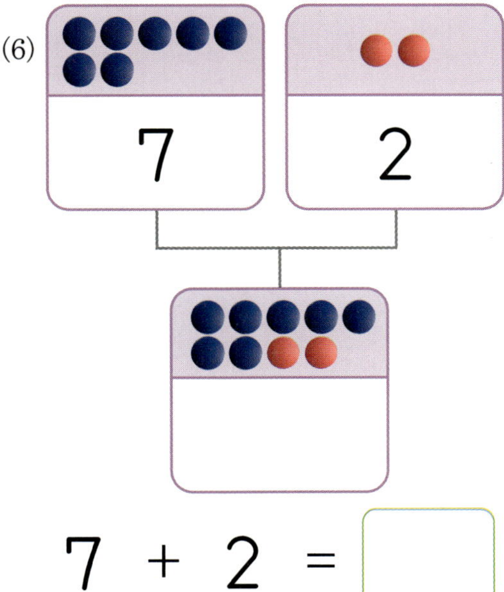

7 + 2 = □

2주

16차시 더하기 2 : (1~8)+2

1단계

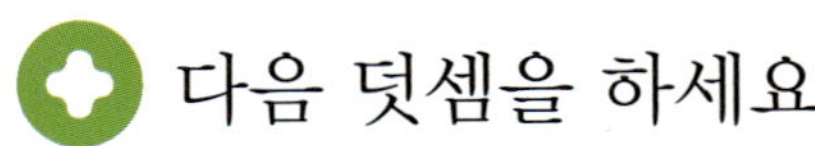

다음 덧셈을 하세요.

(1) 1 + 2 = ☐
일 더하기 이 는

* 1에 2를 더하면
1보다 2 큰 수인 3이 돼요.

(2) 2 + 2 = ☐
이 더하기 이 는

(3) 3 + 2 = ☐
삼 더하기 이 는

(4) 4 + 2 = ☐
사 더하기 이 는

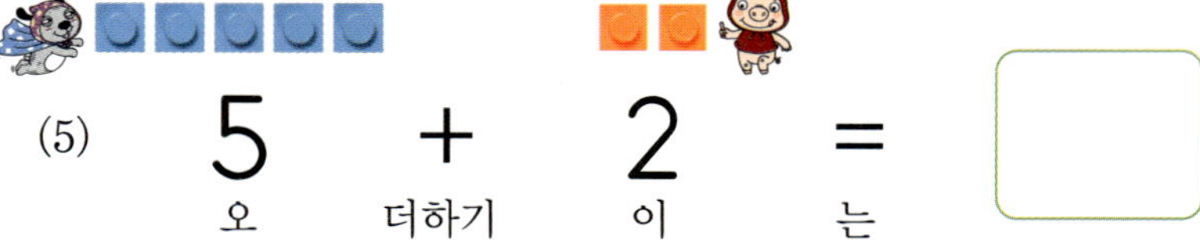

(5) 5 + 2 = ☐
오 더하기 이 는

다음 덧셈을 하세요.

(6) 6 + 2 =
육 더하기 이 는

(7) 7 + 2 =
칠 더하기 이 는

(8) 8 + 2 =
팔 더하기 이 는

(9) 3 + 2 =
삼 더하기 이 는

(10) 5 + 2 =
오 더하기 이 는

17 차시 더하기 2 : (1~8)+2

1 단계

다음 덧셈을 하세요.

(1) $8 + 2 = \square$

(2) $7 + 2 = \square$

(3) $6 + 2 = \square$

(4) $5 + 2 = \square$

(5) $4 + 2 = \square$

(6) $3 + 2 = \square$

(7) $2 + 2 = \square$

(8) $1 + 2 = \square$

(9) $7 + 2 = \square$

(10) $4 + 2 = \square$

(11) $6 + 2 = \square$

(12) $8 + 2 = \square$

(13) $5 + 2 = \square$

(14) $3 + 2 = \square$

 다음 덧셈을 하세요.

(15) 3 + 2 = □

(16) 1 + 2 = □

(17) 2 + 2 = □

(18) 4 + 2 = □

(19) 5 + 2 = □

(20) 7 + 2 = □

(21) 6 + 2 = □

(22) 2 + 2 = □

(23) 8 + 2 = □

(24) 3 + 2 = □

(25) 1 + 2 = □

(26) 6 + 2 = □

(27) 4 + 2 = □

(28) 7 + 2 = □

(29) 5 + 2 = □

(30) 8 + 2 = □

18 차시 더하기 2 : (1~8)+2

1 단계

다음 덧셈을 하세요.

(1) $2 + 2 = \square$

(2) $4 + 2 = \square$

(3) $6 + 2 = \square$

(4) $3 + 2 = \square$

(5) $7 + 2 = \square$

(6) $1 + 2 = \square$

(7) $4 + 2 = \square$

(8) $5 + 2 = \square$

손가락으로 세지 않아도 알 수 있지.

(9) $8 + 2 = \square$

(10) $2 + 2 = \square$

(11) $3 + 2 = \square$

(12) $6 + 2 = \square$

(13) $5 + 2 = \square$

(14) $7 + 2 = \square$

(15) $1 + 2 = \square$

(16) $8 + 2 = \square$

같은 것끼리 줄로 이으세요.

(17) 5 + 2 • • 5

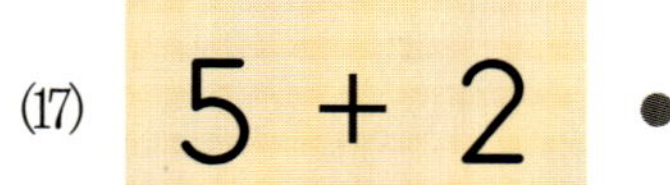

(18) 3 + 2 • • 7

(19) 7 + 2 • • 10

(20) 8 + 2 • • 8

(21) 6 + 2 • • 9

19차시 더하기 2 : (1~8)+2

1단계

다음 덧셈을 하세요.

(1) 2 + 2

	2
+	2

(2) 3 + 2

	3
+	2

(3) 4 + 2

	4
+	2

꼭꼭 가로셈을 세로셈으로 바꾸어 연습해 봅니다. 세로셈은 자릿수를 잘 맞추어야 하므로 덧셈을 하여 10을 넘지 않을 때는 일의 자리에 답을 쓰게 합니다.

다음 덧셈을 하세요.

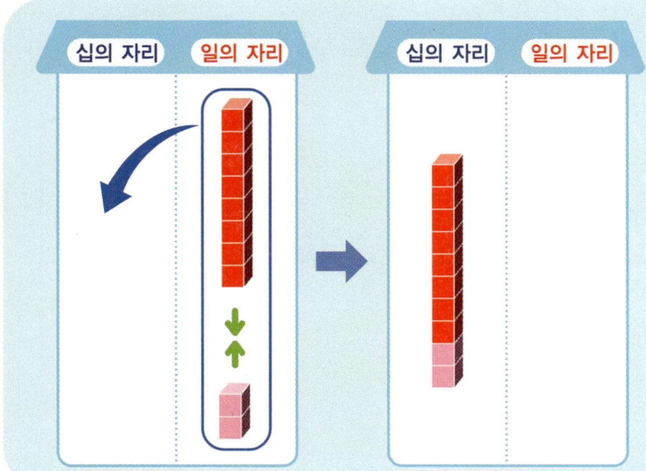

8 + 2

십의 자리	일의 자리
	8
+	2
1	0

(4) 7 + 2

	7
+	2

(5) 6 + 2

	6
+	2

(6) 5 + 2

	5
+	2

(7) 4 + 2

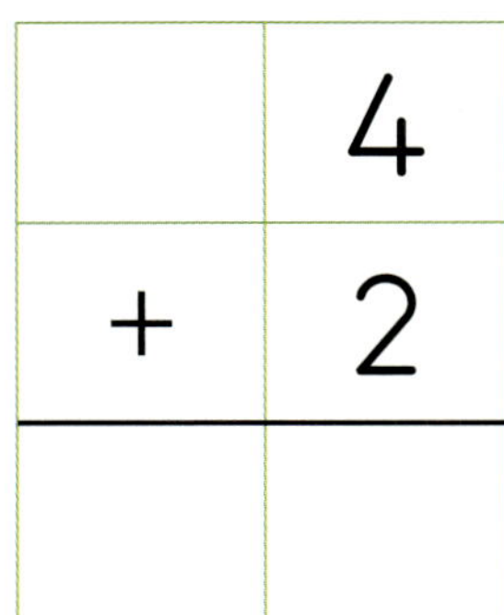

(8) 3 + 2

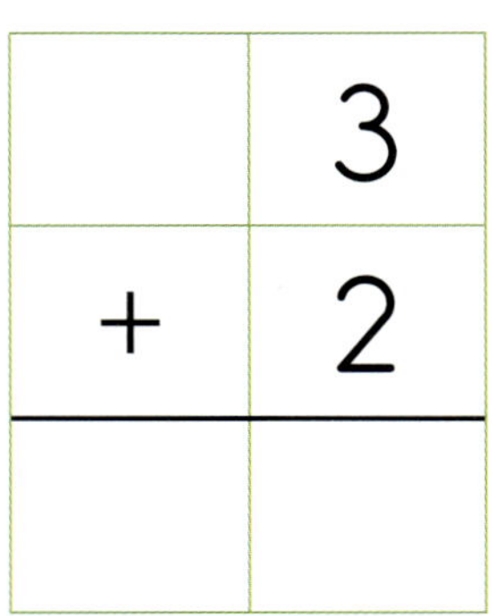

(9) 2 + 2

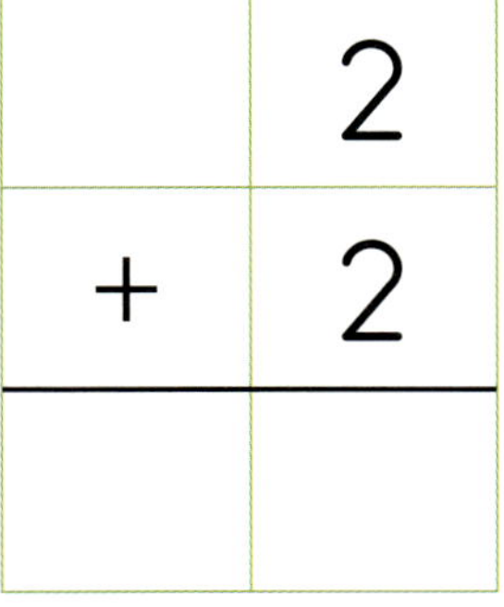

20차시 더하기 2 : (1~8)+2

1단계

다음 덧셈을 하세요.

(1)

	2
+	2

(2)

	5
+	2

(3)

	1
+	2

(4)

	6
+	2

(5)

	4
+	2

(6)

	7
+	2

(7)

	4
+	2

(8)

	8
+	2

(9)

	3
+	2

 다음 덧셈을 하세요.

(10) $\begin{array}{r} 3 \\ +\ 2 \\ \hline \end{array}$

(11) $\begin{array}{r} 4 \\ +\ 2 \\ \hline \end{array}$

(12) $\begin{array}{r} 2 \\ +\ 2 \\ \hline \end{array}$

(13) $\begin{array}{r} 1 \\ +\ 2 \\ \hline \end{array}$

(14) $\begin{array}{r} 5 \\ +\ 2 \\ \hline \end{array}$

(15) $\begin{array}{r} 7 \\ +\ 2 \\ \hline \end{array}$

(16) $\begin{array}{r} 6 \\ +\ 2 \\ \hline \end{array}$

(17) $\begin{array}{r} 3 \\ +\ 2 \\ \hline \end{array}$

(18) $\begin{array}{r} 8 \\ +\ 2 \\ \hline \end{array}$

(19) $\begin{array}{r} 4 \\ +\ 2 \\ \hline \end{array}$

(20) $\begin{array}{r} 2 \\ +\ 2 \\ \hline \end{array}$

(21) $\begin{array}{r} 5 \\ +\ 2 \\ \hline \end{array}$

21 차시 더하기 2 : (1~8)+2

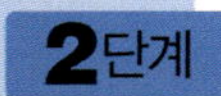

다음 덧셈을 하세요.

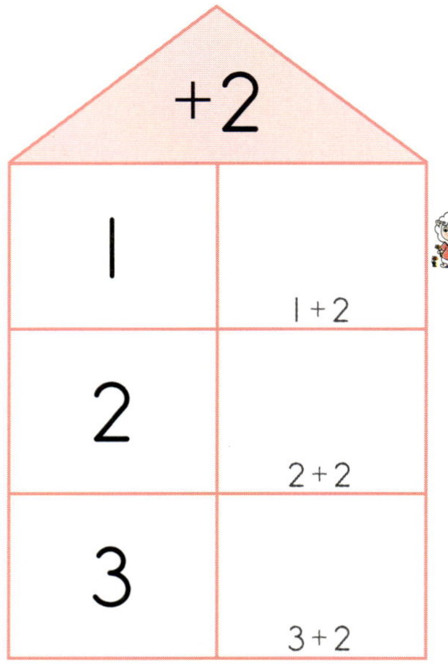

+2	
1	1+2
2	2+2
3	3+2

세로의 수 1에
가로의 수 2를 더해요.

+2	
4	
5	
6	

+2	
8	
7	
6	

+2	
5	
4	
3	

식을 세우지 않고 바로 답을 구하기 어려워하면 식을 옆에 써 주거나 아이가 직접 쓰고 답을 구하게 합니다.

다음 덧셈을 하세요.

+	2
8	8+2
7	7+2
6	6+2
5	5+2
4	4+2
3	3+2
2	2+2

세로의 수 8에 가로의 수 2를 더해요.

+	2
1	
3	
4	
6	
2	
5	
7	

22차시 더하기 2 : (1~8)+2

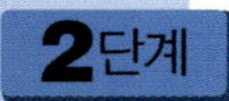

다음 덧셈을 하세요.

+	6	2
2	6 + 2	2 + 2

가로의 수 6에 세로의 수 2를 더해요.

+	8	4
2		

+	5	1
2		

+	7	3
2		

+	4	2
2		

+	3	5
2		

다음 덧셈을 하세요.

+	4	2	6	5
2	4+2	2+2	6+2	5+2

가로의 수 4에
세로의 수 2를 더해요.

+	1	8	3	7
2				

+	2	5	6	8
2				

23 차시 더하기 2 : (1~8)+2

3단계

그림에 알맞은 덧셈식을 찾아 색칠하세요.

4 + 2 = 6	3 + 2 = 5	2 + 2 = 4

1 + 2 = 3	6 + 2 = 8	5 + 2 = 7

꼭꼭 우주선이 몇 대가 있었는데 몇 대가 날아와서 모두 몇 대가 되었는지 '더해지는 수+더하는 수' 로 식을 세워 보고 답을 찾아봅니다.

그림에 알맞은 덧셈식을 찾아 ◯하세요.

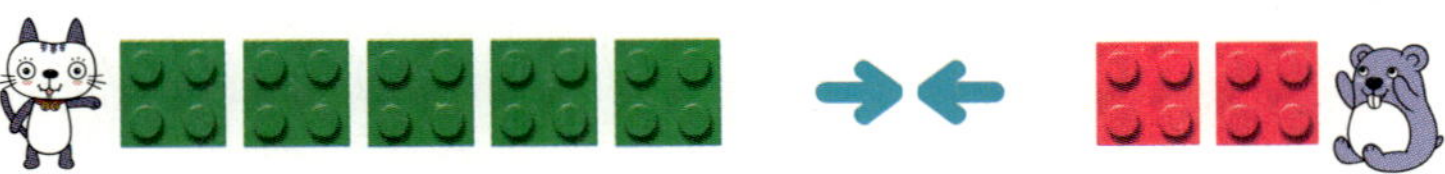

5 + 2 = 7　　3 + 2 = 5　　7 + 2 = 9

4 + 2 = 6　　7 + 2 = 9　　6 + 2 = 8

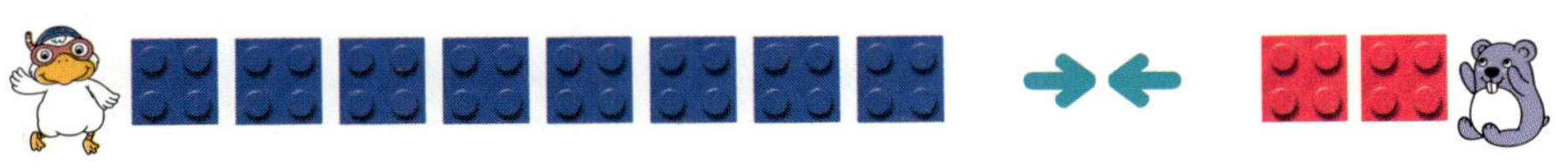

8 + 2 = 10　　5 + 2 = 7　　4 + 2 = 6

24차시 더하기 2 : (1~8)+2

3단계

그림을 잘 보고 □ 안에 알맞은 수를 쓰세요.

4 + □ = 6

5 + □ = 7

6 + □ = 8

덧셈식에서 더하는 수를 구하는 문제입니다. 그림을 보며 몇을 더하는지 말해 보고, □ 안에 그 수를 써넣어 식을 완성하게 합니다.

덧셈을 하고, 계산 결과가 더 큰 덧셈식에 ○하세요.

$4 + 2 = \square$

$1 + 2 = \square$

더하는 수가 같으면 더해지는 수의 크기가 클수록 더 큰 덧셈식이 되지요.

$5 + 2 = \square$

$8 + 2 = \square$

$7 + 2 = \square$

$6 + 2 = \square$

$2 + 2 = \square$

$3 + 2 = \square$

더해지는 수의 크기를 비교하여 더 큰 덧셈식을 예상해 보고, 답을 구한 후 그 결과를 확인해 보게 하세요.

더하기 2 : (1~18)+2

학습 체크표 매일 학습이 끝나면 채점을 하고 체크표를 작성하여 나의 실력을 알아보세요.

차시	단계	공부한 날	잘 했나요?
25차시	1단계	월 일	☺ ☺ ☹ ☹
26차시		월 일	
27차시		월 일	
28차시		월 일	
29차시		월 일	
30차시		월 일	
31차시		월 일	
32차시		월 일	
33차시	2단계	월 일	
34차시		월 일	
35차시	3단계	월 일	
36차시		월 일	

틀린 개수가

0~1개이면 (아주 잘함)에, 2~3개이면 (잘함)에,
4~5개이면 (보통)에, 6개 이상이면 (노력 바람)에 색칠해 주세요.

만화로 개념 알아보기

학습목표 다양한 방법으로 더하기 2 문제를 능숙하게 계산할 수 있습니다.

10보다 2큰수

10보다 2 큰 수라고?

2 큰 수는 더하기 2와 같으니까 10+2=12!

10보다 2큰수

철컥!

와~!!! 열렸다!!

자, 그럼 다른 자물쇠도 보자.

13보다 2큰수

13보다 2 큰 수는 13 더하기 2는 15니까 정답은 15!

철컥!

와~!!! 또 열렸어!

자, 이제 마지막 자물쇠를 보자.

18보다 2큰수

18보다 2 큰 수는 18+2=20이니까 20을 누르면...

톡톡..

열렸다!!!

철컥!!

와!!! 이제 맛있는 거 먹는 거야?

뜨—억...

헉... 보물이 이렇게 안 반갑다니...

으앙~~ 배고파~~

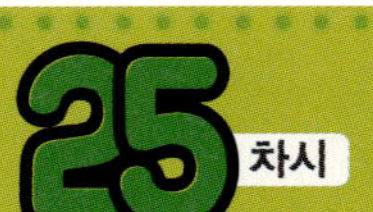

25차시 더하기 2 : (1~18)+2

1단계

□ 안에 다음 다음의 수를 쓰고, 덧셈을 하세요.

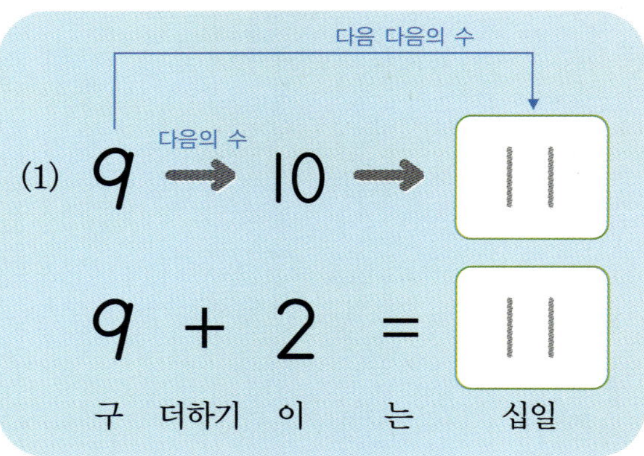

(2) 10 →(+1) 11 → □ (+2)

10 + 2 = □
십 더하기 이 는

(3) 11 →(+1) 12 → □ (+2)

11 + 2 = □
십일 더하기 이 는

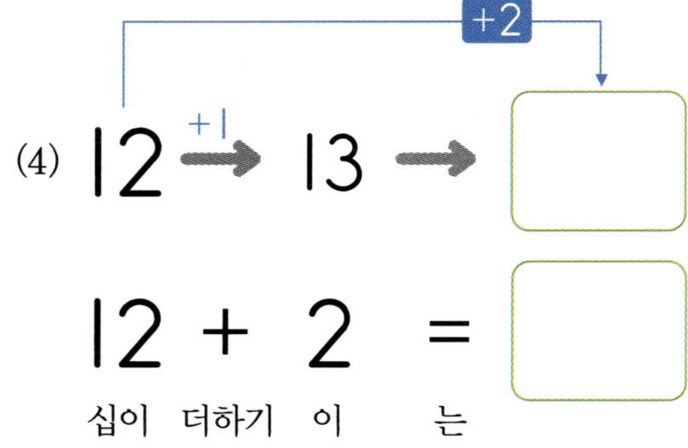

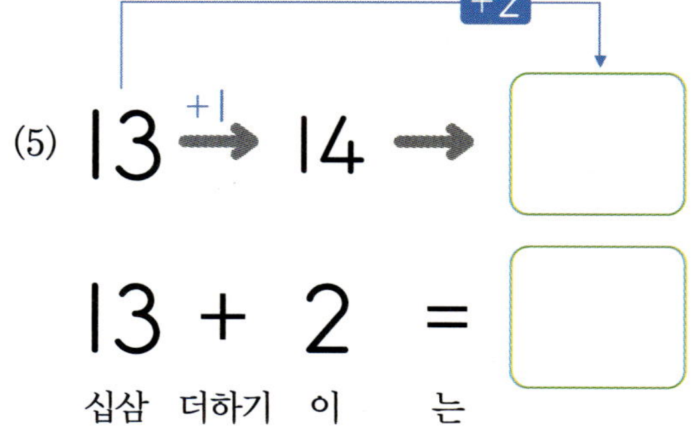

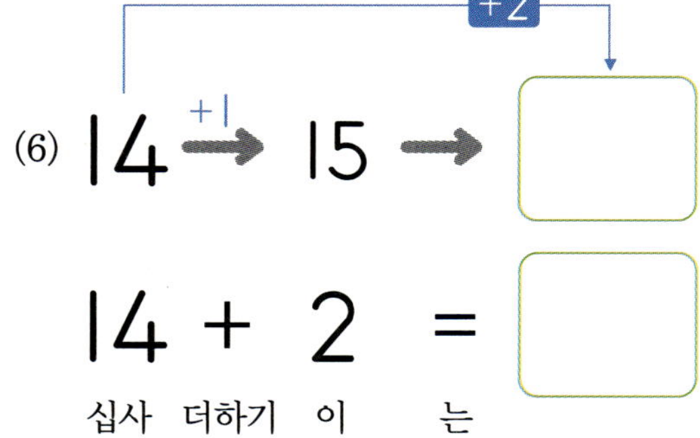

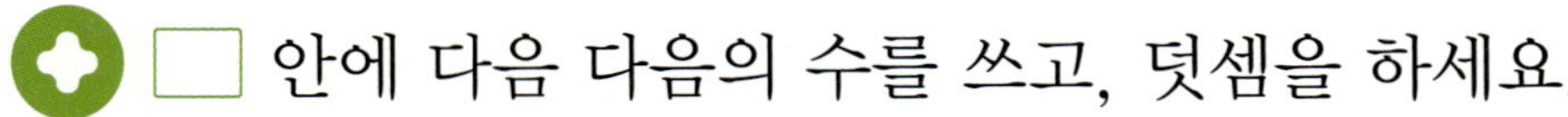

□ 안에 다음 다음의 수를 쓰고, 덧셈을 하세요.

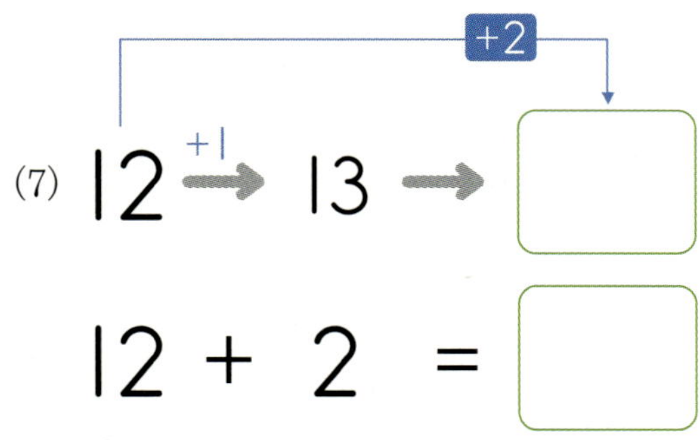

(7) 12 →(+1) 13 → □ (+2)

12 + 2 = □

(8) 13 →(+1) 14 → □ (+2)

13 + 2 = □

(9) 15 →(+1) 16 → □ (+2)

15 + 2 = □

(10) 16 →(+1) 17 → □ (+2)

16 + 2 = □

(11) 17 →(+1) 18 → □ (+2)

17 + 2 = □

(12) 18 →(+1) 19 → □ (+2)

18 + 2 = □

26차시 더하기 2 : (1~18)+2

1단계

수를 모아 □ 안에 알맞은 수를 쓰고, 덧셈을 하세요.

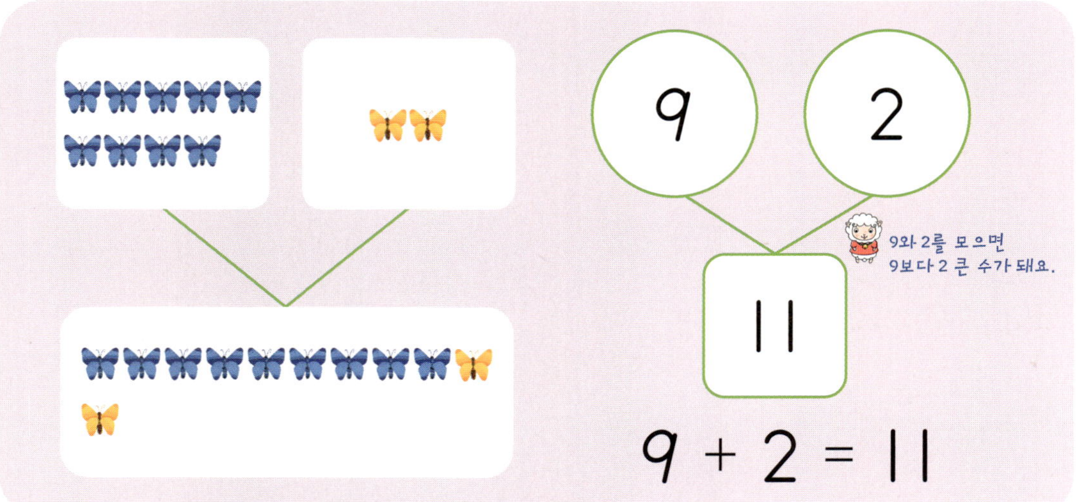

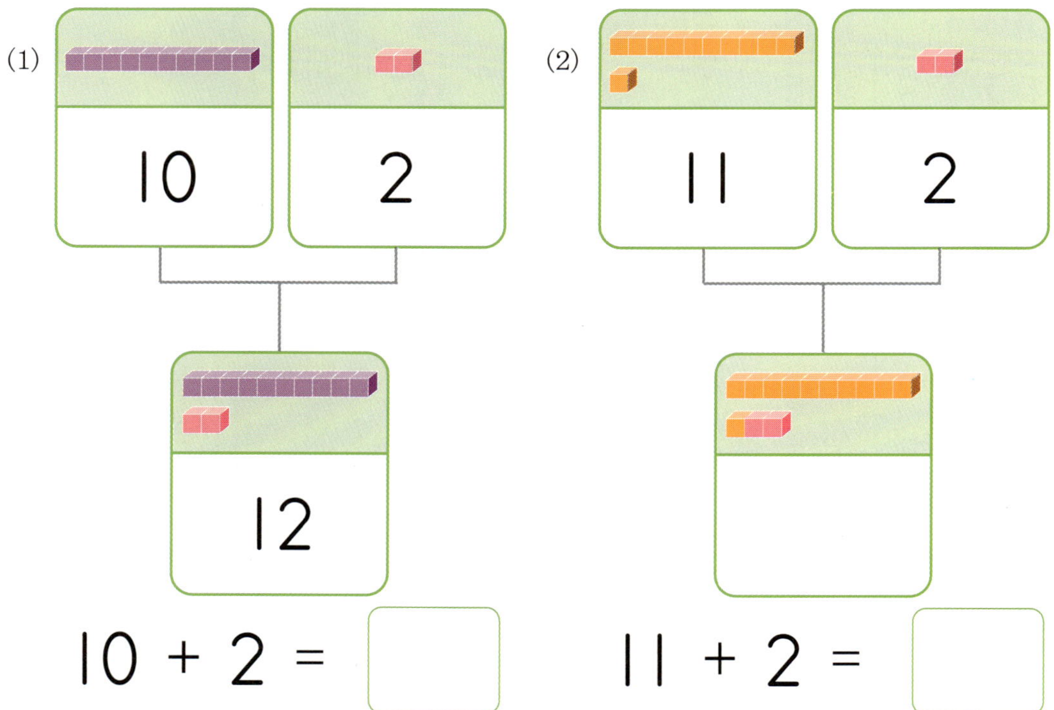

어떤 수와 2를 모으면 어떤 수보다 2 큰 수가 되고, 2 큰 수는 더하기 2와 같음을 알게 합니다. 두 수를 모은 수와 더하기 2를 하여 구한 결과를 비교해 보게 합니다.

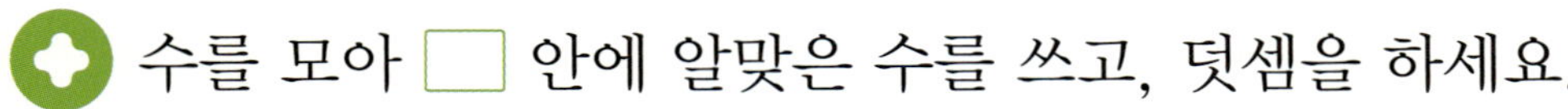

수를 모아 □ 안에 알맞은 수를 쓰고, 덧셈을 하세요.

(3)

12 + 2 = 14

(4)

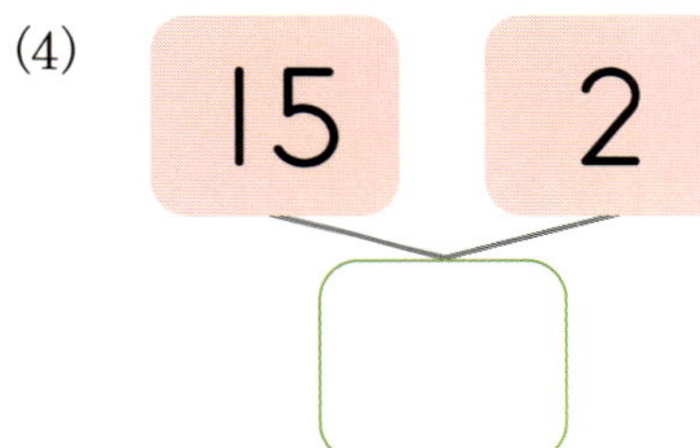

15 + 2 = 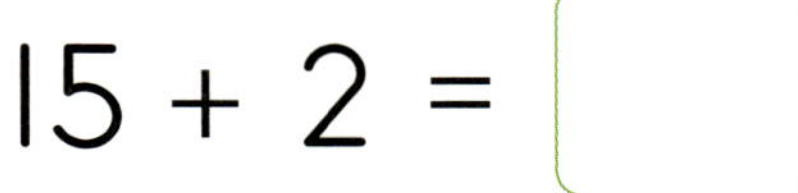

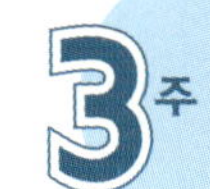

(5) 14 2

□

14 + 2 = □

(6)

16 + 2 = □

(7) 13 2

□

13 + 2 = □

(8) 18 2

□

18 + 2 = □

27 차시 더하기 2 : (1~18)+2

1 단계

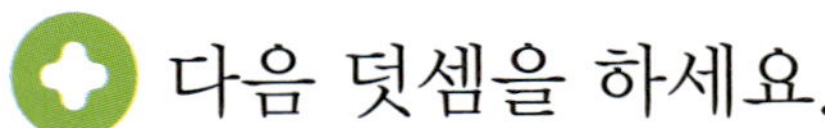

다음 덧셈을 하세요.

(1) 18 + 2 = ☐

십팔 더하기 이 는

(2) 17 + 2 = ☐

십칠 더하기 이 는

(3) 16 + 2 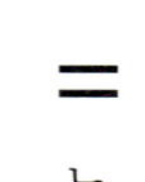 ☐

십육 더하기 이 는

(4) 15 + 2 = ☐

십오 더하기 이 는

(5) 14 + 2 = ☐

십사 더하기 이 는

블록을 이용하여 더하기 2를 연습해 보고, 더하기 2는 수가 2씩 커지는 것임을 알게 합니다.

다음 덧셈을 하세요.

(6) $13 + 2 =$ ☐

(7) $12 + 2 =$ ☐

(8) $11 + 2 =$ ☐

(9) $10 + 2 =$ ☐

(10) $9 + 2 =$ ☐

(11) $16 + 2 =$ ☐

(12) $18 + 2 =$ ☐

(13) $11 + 2 =$ ☐

(14) $10 + 2 =$ ☐

(15) $17 + 2 =$ ☐

(16) $15 + 2 =$ ☐

(17) $14 + 2 =$ ☐

(18) $13 + 2 =$ ☐

(19) $16 + 2 =$ ☐

28차시 더하기 2 : (1~18)+2

1단계

다음 덧셈을 하세요.

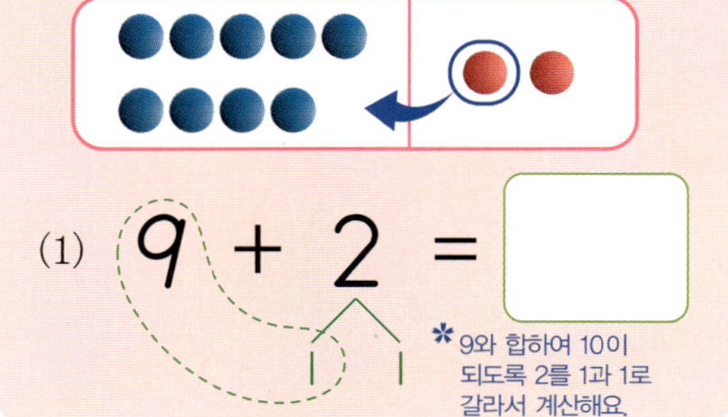

(1) 9 + 2 = ☐

* 9와 합하여 10이 되도록 2를 1과 1로 갈라서 계산해요.

(2) 12 + 2 = ☐

(3) 14 + 2 = ☐

(4) 11 + 2 = ☐

(5) 16 + 2 = ☐

(6) 13 + 2 = ☐

(7) 18 + 2 = ☐

(8) 15 + 2 = ☐

(9) 10 + 2 = ☐

(10) 17 + 2 = ☐

(11) 12 + 2 = ☐

(12) 18 + 2 = ☐

(13) 11 + 2 = ☐

(14) 16 + 2 = ☐

(15) 13 + 2 = ☐

꼭꼭 '9+2'처럼 받아올림이 있는 덧셈은 더해지는 수와 합하여 10이 되도록 더하는 수를 두 수로 갈라 계산합니다.

다음 덧셈을 하세요.

(16) $10 + 2 = \square$

(17) $11 + 2 = \square$

(18) $14 + 2 = \square$

(19) $15 + 2 = \square$

(20) $12 + 2 = \square$

(21) $17 + 2 = \square$

(22) $9 + 2 = \square$

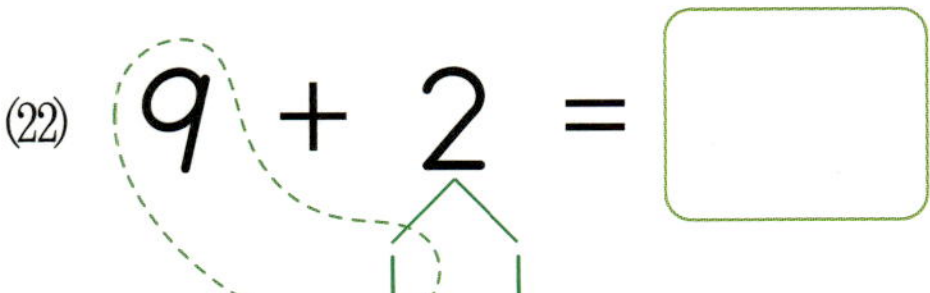

(23) $13 + 2 = \square$

(24) $18 + 2 = \square$

(25) $16 + 2 = \square$

(26) $11 + 2 = \square$

(27) $14 + 2 = \square$

(28) $15 + 2 = \square$

(29) $12 + 2 = \square$

(30) $17 + 2 = \square$

(31) $18 + 2 = \square$

29 차시 더하기 2 : (1~18)+2

다음 덧셈을 하세요.

(1) 1 + 2 = ☐

11 + 2 = ☐

(2) 3 + 2 = ☐

13 + 2 = ☐

(3) 4 + 2 = ☐

14 + 2 = ☐

(4) 5 + 2 = ☐

15 + 2 = ☐

(5) 6 + 2 = ☐

16 + 2 = ☐

(6) 7 + 2 = ☐

17 + 2 = ☐

(7) 8 + 2 = ☐

18 + 2 = ☐

다음 덧셈을 하세요.

(8) $3 + 2 = \square$

(9) $6 + 2 = \square$

(10) $7 + 2 = \square$

(11) $4 + 2 = \square$

(12) $5 + 2 = \square$

(13) $8 + 2 = \square$

(14) $9 + 2 = \square$

(15) $13 + 2 = \square$

(16) $11 + 2 = \square$

(17) $16 + 2 = \square$

(18) $10 + 2 = \square$

(19) $12 + 2 = \square$

(20) $15 + 2 = \square$

(21) $14 + 2 = \square$

(22) $18 + 2 = \square$

(23) $17 + 2 = \square$

더하기 2 : (1~18)+2

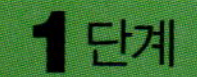

다음 덧셈을 하세요.

(1) $2 + 2 =$ ☐

(2) $4 + 2 =$ ☐

(3) $5 + 2 =$ ☐

(4) $3 + 2 =$ ☐

(5) $7 + 2 =$ ☐

(6) $6 + 2 =$ ☐

(7) $9 + 2 =$ ☐

(8) $13 + 2 =$ ☐

(9) $15 + 2 =$ ☐

(10) $11 + 2 =$ ☐

(11) $17 + 2 =$ ☐

(12) $10 + 2 =$ ☐

(13) $16 + 2 =$ ☐

(14) $18 + 2 =$ ☐

(15) $14 + 2 =$ ☐

(16) $12 + 2 =$ ☐

더하기 2는 다음 다음의 수 또는 2 큰 수의 개념으로 익히게 합니다.

다음 덧셈을 하세요.

(17) $5 + 2 = \square$

(18) $4 + 2 = \square$

(19) $8 + 2 = \square$

(20) $10 + 2 = \square$

(21) $9 + 2 = \square$

(22) $7 + 2 = \square$

(23) $3 + 2 = \square$

(24) $6 + 2 = \square$

(25) $13 + 2 = \square$

(26) $16 + 2 = \square$

(27) $17 + 2 = \square$

(28) $14 + 2 = \square$

(29) $18 + 2 = \square$

(30) $12 + 2 = \square$

(31) $15 + 2 = \square$

(32) $11 + 2 = \square$

31 차시 더하기 2 : (1~18)+2

1단계

다음 덧셈을 하세요.

*0에 2를 더하면 그대로 더하는 수 2가 돼요.

(1) 10 + 2

	1	0
+		2

(2) 11 + 2

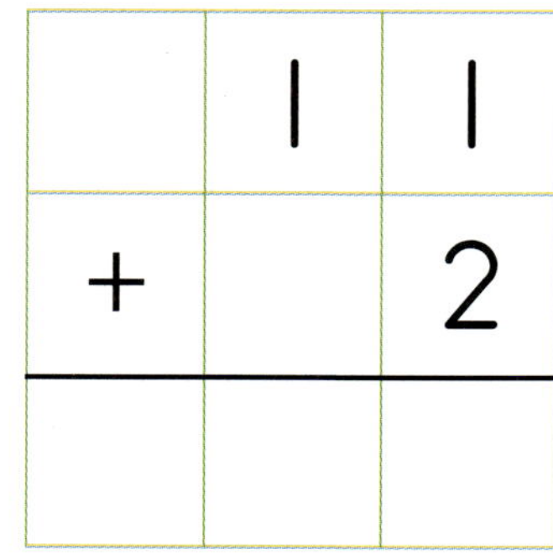

	1	1
+		2

(3) 12 + 2

	1	2
+		2

두 자리 수를 세로셈으로 계산할 때는 반드시 자릿수를 맞춰야 합니다. 일의 자리 숫자는 일의 자리에, 십의 자리 숫자는 십의 자리에 쓰게 합니다.

다음 덧셈을 하세요.

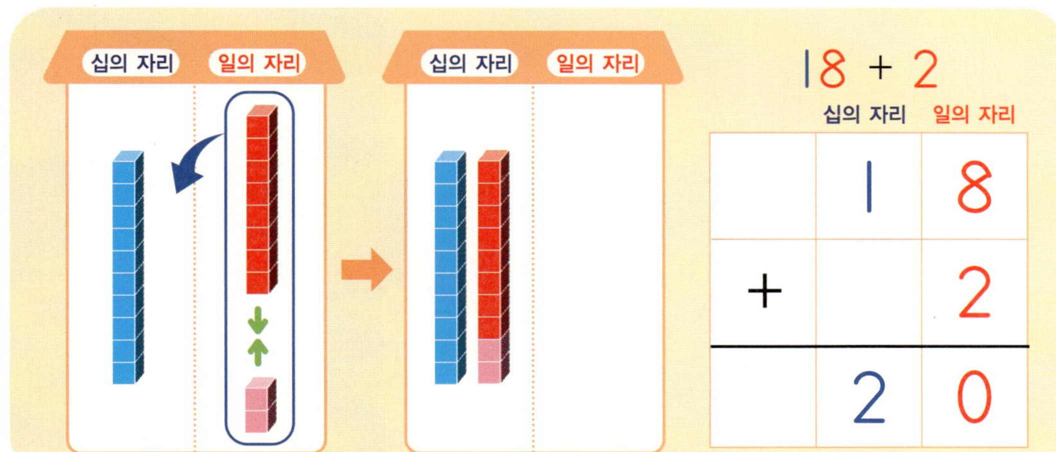

	1	8
+		2
	2	0

(4) 16 + 2

	1	6
+		2

(5) 17 + 2

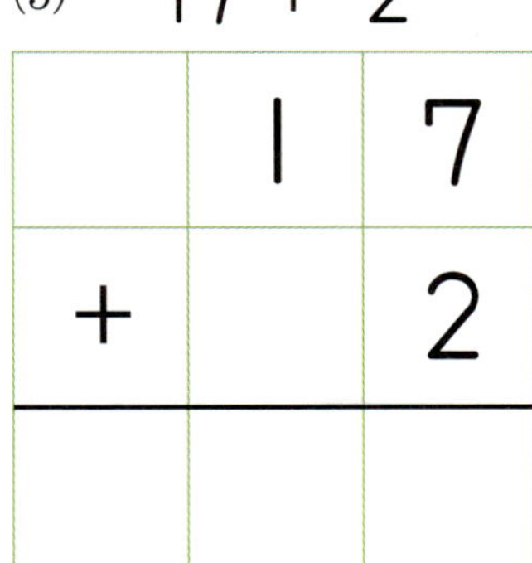

	1	7
+		2

(6) 13 + 2

	1	3
+		2

(7) 15 + 2

	1	5
+		2

(8) 14 + 2

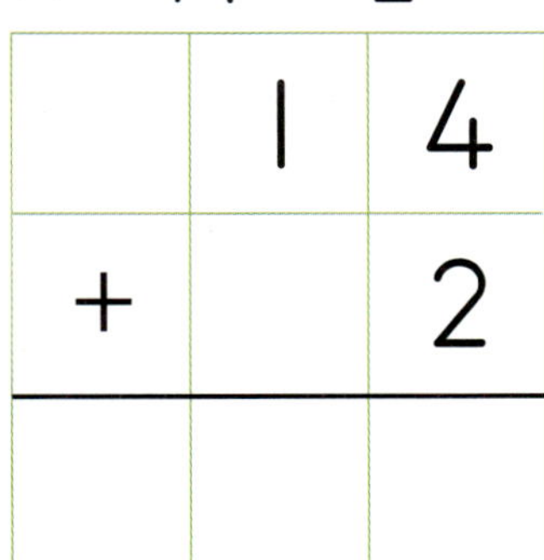

	1	4
+		2

(9) 12 + 2

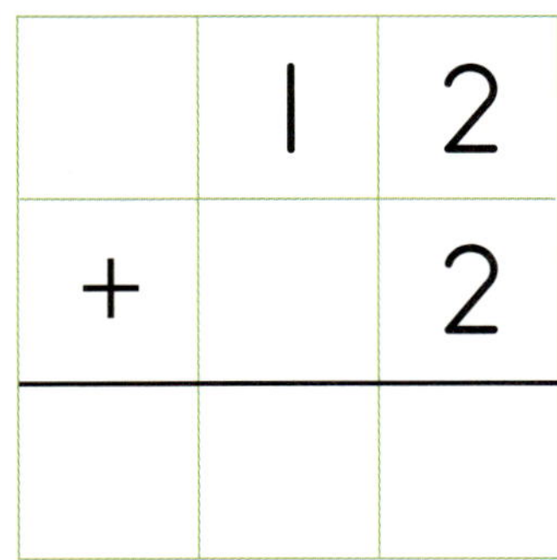

	1	2
+		2

32차시 더하기 2 : (1~18)+2

1단계

 다음 덧셈을 하세요.

(1)

	1	1
+		2

(2)

	1	4
+		2

(3)

	1	5
+		2

(4)

	1	2
+		2

(5)

	1	8
+		2

(6)

		9
+		2

(7)

	1	7
+		2

(8)

	1	3
+		2

(9)

	1	6
+		2

 다음 덧셈을 하세요.

(10) $\begin{array}{r} 3 \\ +\ 2 \\ \hline \end{array}$

(11) $\begin{array}{r} 5 \\ +\ 2 \\ \hline \end{array}$

(12) $\begin{array}{r} 9 \\ +\ 2 \\ \hline \end{array}$

(13) $\begin{array}{r} 16 \\ +\ \ 2 \\ \hline \end{array}$

(14) $\begin{array}{r} 11 \\ +\ \ 2 \\ \hline \end{array}$

(15) $\begin{array}{r} 15 \\ +\ \ 2 \\ \hline \end{array}$

(16) $\begin{array}{r} 14 \\ +\ \ 2 \\ \hline \end{array}$

(17) $\begin{array}{r} 10 \\ +\ \ 2 \\ \hline \end{array}$

(18) $\begin{array}{r} 17 \\ +\ \ 2 \\ \hline \end{array}$

(19) $\begin{array}{r} 12 \\ +\ \ 2 \\ \hline \end{array}$

(20) $\begin{array}{r} 18 \\ +\ \ 2 \\ \hline \end{array}$

(21) $\begin{array}{r} 13 \\ +\ \ 2 \\ \hline \end{array}$

33 차시 더하기 2 : (1~18)+2

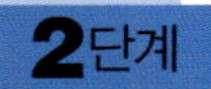

다음 덧셈을 하세요.

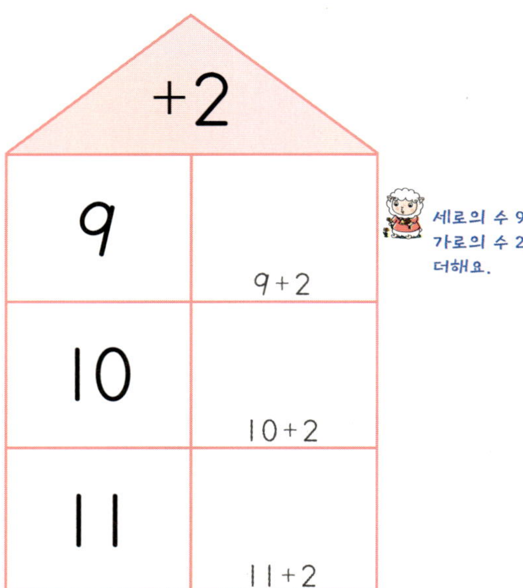

+2	
12	
13	
14	

+2	
15	
16	
17	

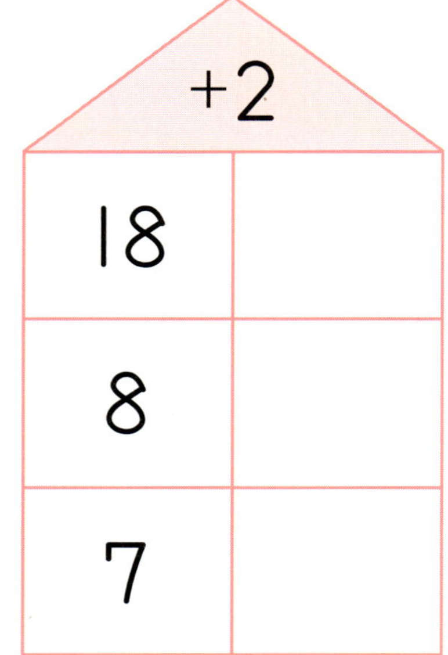

식을 쓰지 않더라도 식을 세워서 '9+2는 ?, 10+2는 ?' 하면서 식을 말하고 답을 구하게 합니다.

다음 덧셈을 하세요.

+	2
13	13+2
9	9+2
11	11+2
17	17+2
14	14+2
16	16+2
10	10+2

세로의 수 13에 가로의 수 2를 더해요.

+	2
15	
8	
12	
18	
6	
7	
14	

34차시 더하기 2 : (1~18)+2

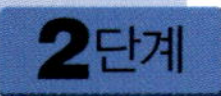

다음 덧셈을 하세요.

+	18	17	16	15
2	18+2	17+2	16+2	15+2

가로의 수 18에
세로의 수 2를 더해요.

+	14	13	12	11
2				

+	10	9	8	7
2				

다음 덧셈을 하세요.

+	3	11	5	10	4	7
2	3+2	11+2	5+2	10+2	4+2	7+2

가로의 수 3에
세로의 수 2를 더해요.

+	16	12	2	15	1	13
2						

+	14	9	17	8	6	18
2						

35 차시 더하기 2 : (1~18)+2

3단계

그림에 알맞은 덧셈식을 찾아 ○하세요.

$9+2=11$ $10+2=12$ $11+2=13$

$12+2=14$ $15+2=17$ $17+2=19$

꼭꼭 그림 상황에 알맞게 재미있는 이야기를 꾸며 보고 '더해지는 수 + 더하는 수'의 더하기 개념을 익혀 봅니다.

그림에 알맞은 덧셈식을 찾아 색칠하세요.

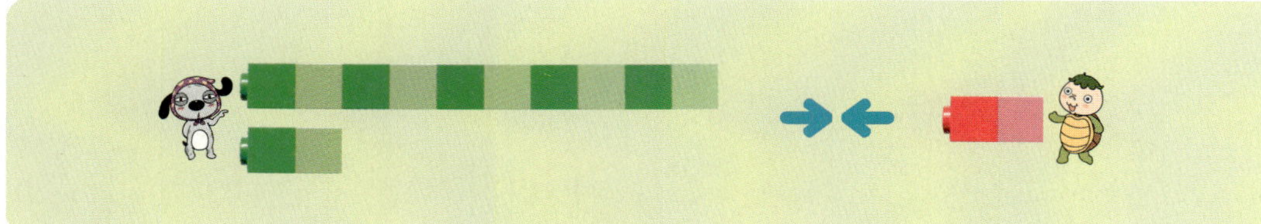

12+2=14	15+2=17	13+2=15

14+2=16	16+2=18	17+2=19

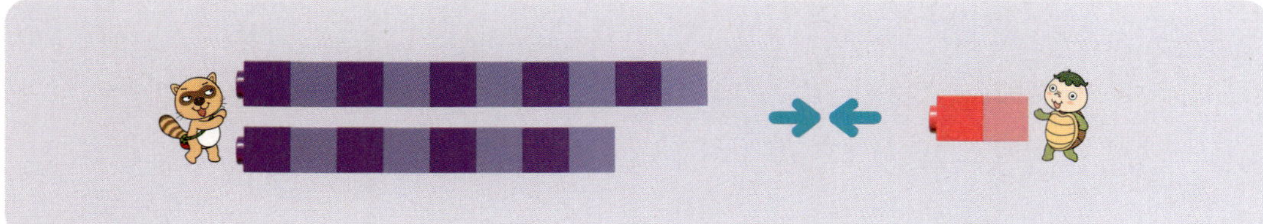

16+2=18	18+2=20	15+2=17

36 차시 더하기 2 : (1~18)+2

3단계

식이 완성되도록 ○를 그리고, □ 안에 알맞은 수를 쓰세요.

11 + □ = 13

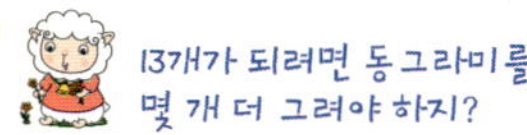

15 + □ = 17

17 + □ = 19

덧셈식의 답이 되도록 개수를 세면서 ○를 그려 보고, 더하는 수가 몇인지 알아봅니다.

덧셈을 하고, 계산 결과가 더 큰 덧셈식에 ○하세요.

더하는 수가 같으면 더해지는 수의 크기를 비교해 봐요.

17 + 2 = ☐　　15 + 2 = ☐

18 + 2 = ☐　　13 + 2 = ☐

4주 더하기 2 : (1～28)+2

학습 체크표 매일 학습이 끝나면 채점을 하고 체크표를 작성하여 나의 실력을 알아보세요.

차시	단계	공부한 날	잘 했나요?
37차시	1단계	월 일	
38차시		월 일	
39차시		월 일	
40차시		월 일	
41차시		월 일	
42차시		월 일	
43차시		월 일	
44차시		월 일	
45차시	2단계	월 일	
46차시		월 일	
47차시	3단계	월 일	
48차시		월 일	

틀린 개수가

0～1 개이면 (아주 잘함)에, 2～3 개이면 (잘함)에,
4～5 개이면 (보통)에, 6 개 이상이면 (노력 바람)에 색칠해 주세요.

만화로 개념 알아보기

학습목표 다음 다음의 수와 수 모으기의 개념을 통해 더하기 2 문제를 능숙하게 풀 수 있습니다.

야~옹

응? 야옹아, 입에 문 그게 뭐니?

헉! 이건 말로만 듣던 보물지도??

냐!

잘했어, 야옹아!

갈림길 에서는 무조건 2 큰 수 쪽으로 가라고?

16
17
2 큰 수는 더하기
2와 같으니까 15+2=17,
17로 가자!
15
20
21
19보다
2 큰 수는
19+2=21
이쪽이다!
19
29
27
25보다
2 큰 수는
25+2=27
25

28보다 2 큰 수
니까 28+2=30
30으로 가자!!

28
30
31

만세~!!
찾았다!

냐!

엥?!...

뭐야... 생선밖에
없잖아, 으앙...

히히~ 다
내 것이다!!

37 차시 더하기 2 : (1~28)+2

1 단계

 □ 안에 다음 다음의 수를 쓰고, 덧셈을 하세요.

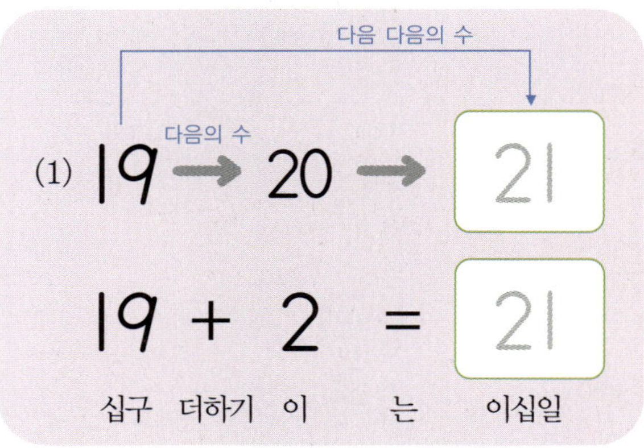

(2) 20 $\xrightarrow{+1}$ 21 → □ (+2)

20 + 2 = □

이십 더하기 이 는

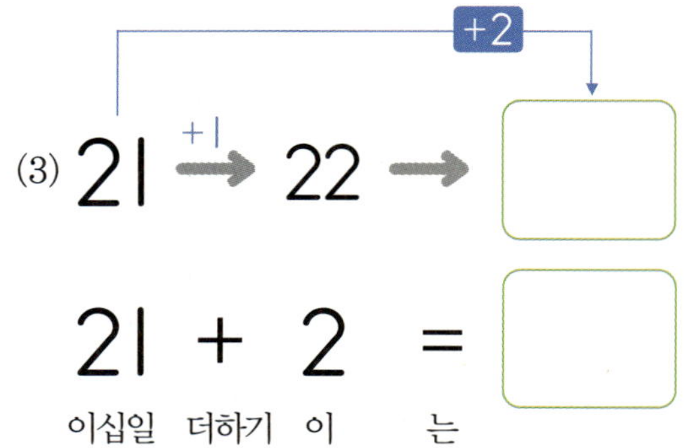

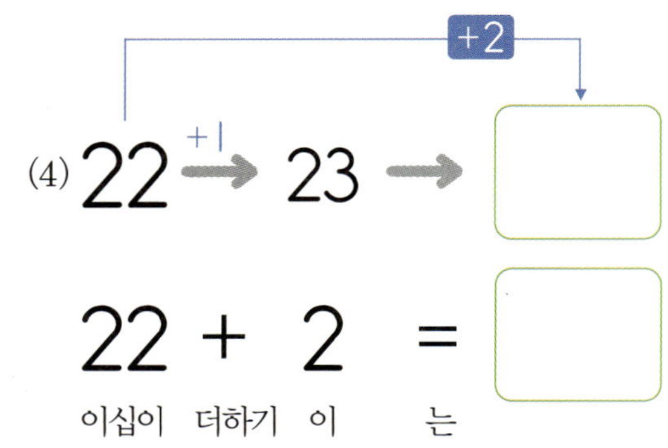

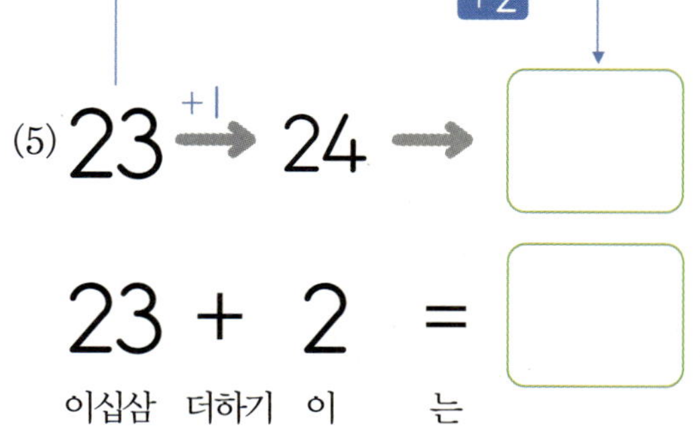

(6) 24 $\xrightarrow{+1}$ 25 → □ (+2)

24 + 2 = □

이십사 더하기 이 는

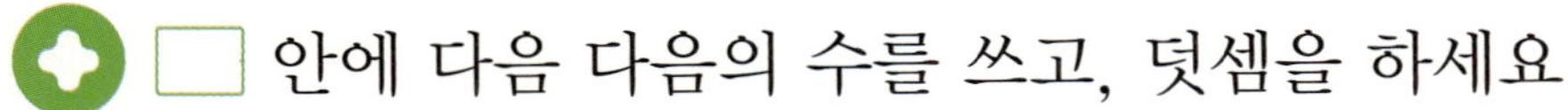

□ 안에 다음 다음의 수를 쓰고, 덧셈을 하세요.

(7) 23 →(+1) 24 → □ (+2)

23 + 2 = □

(8) 24 →(+1) 25 → □ (+2)

24 + 2 = □

(9) 25 →(+1) 26 → □ (+2)

25 + 2 = □

(10) 26 →(+1) 27 → □ (+2)

26 + 2 = □

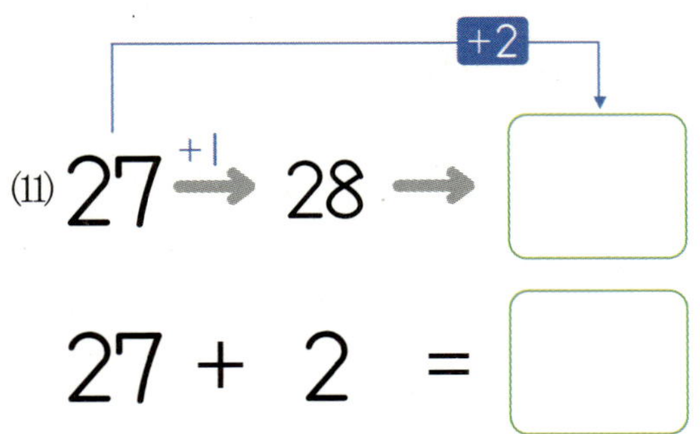

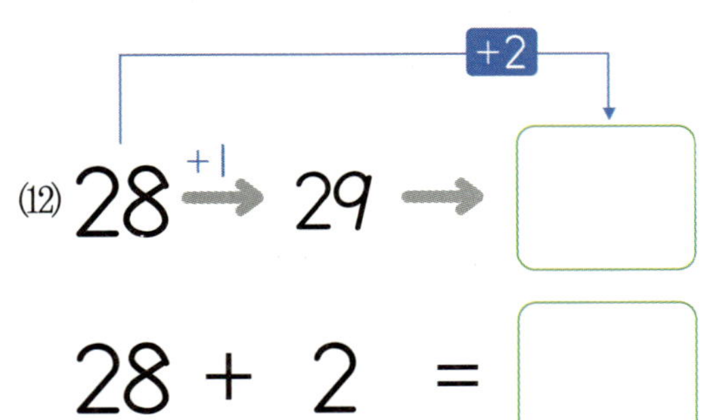

4주

38차시 더하기 2 : (1~28)+2

1단계

수를 모아 □ 안에 알맞은 수를 쓰고, 덧셈을 하세요.

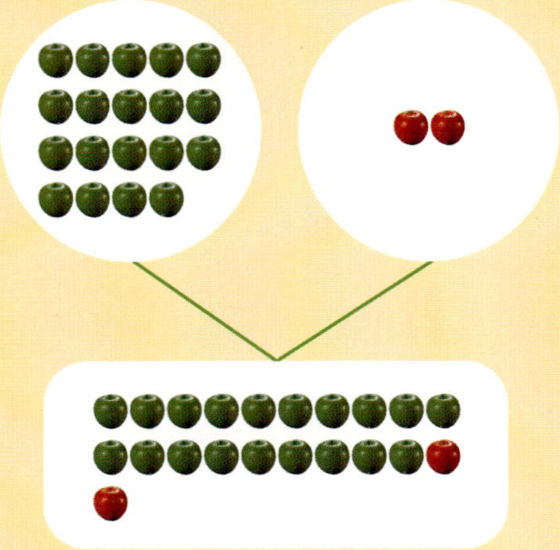

19, 2 → 21

19와 2를 모으면 19보다 2 큰 수가 돼요.

19 + 2 = 21

(1) 20, 2 → 22

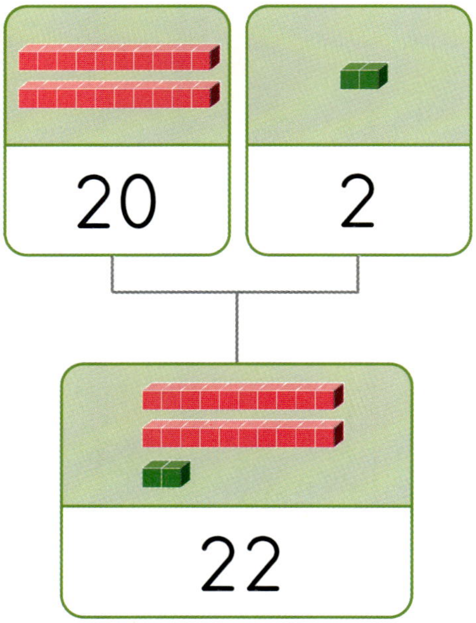

20 + 2 = □

(2) 21, 2 → □

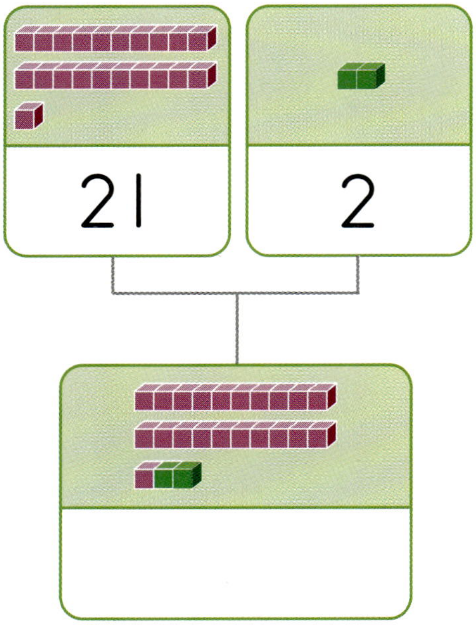

21 + 2 = □

어떤 수와 2를 모으면 2 큰 수가 된다는 것을 알았으므로 더하기 2를 하여 두 수를 모은 수와 답을 비교해 봅니다.

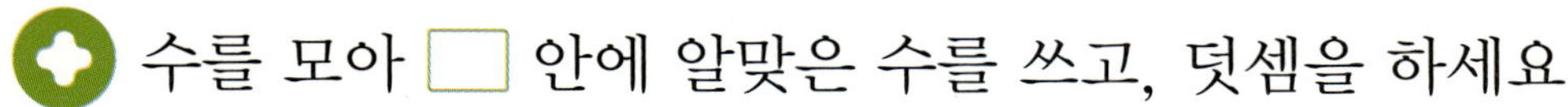

수를 모아 □ 안에 알맞은 수를 쓰고, 덧셈을 하세요.

(3)

22 + 2 = 24

(4)

25 2

□

25 + 2 = □

(5)

24 2

□

24 + 2 = □

(6)

26 + 2 = □

(7)

23 + 2 = □

(8)

28 2

□

28 + 2 = □

4주

39차시 더하기 2 : (1~28)+2

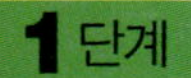

 다음 덧셈을 하세요.

(1) 23 + 2 = ☐
이십삼 더하기 이 는

(2) 22 + 2 = ☐
이십이 더하기 이 는

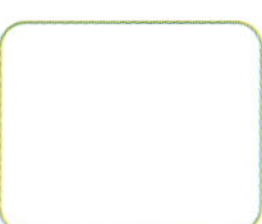

(3) 21 + 2 = ☐
이십일 더하기 이 는

(4) 20 + 2 = ☐
이십 더하기 이 는

(5) 19 + 2 = ☐
십구 더하기 이 는

다음 덧셈을 하세요.

(6) 28 + 2 = ☐

(7) 27 + 2 = ☐

(8) 26 + 2 = ☐

(9) 25 + 2 = ☐

(10) 24 + 2 = ☐

(11) 23 + 2 = ☐

(12) 22 + 2 = ☐

(13) 21 + 2 = ☐

(14) 20 + 2 = ☐

(15) 19 + 2 = ☐

(16) 25 + 2 = ☐

(17) 26 + 2 = ☐

(18) 23 + 2 = ☐

(19) 22 + 2 = ☐

40 차시 더하기 2 : (1~28)+2

다음 덧셈을 하세요.

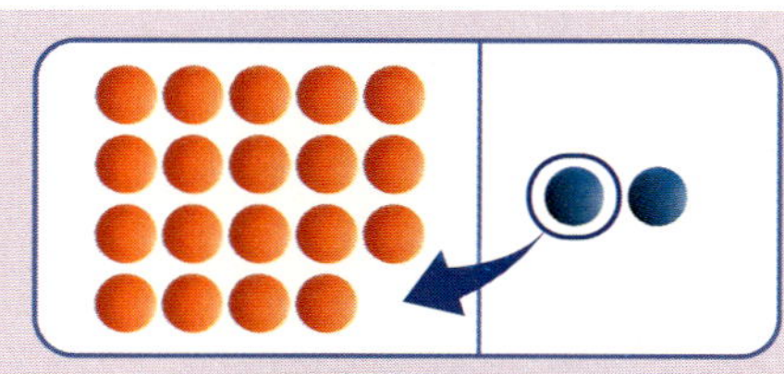

(1) $19 + 2 = \square$

(2) $21 + 2 = \square$

(3) $23 + 2 = \square$

(4) $22 + 2 = \square$

(5) $20 + 2 = \square$

(6) $24 + 2 = \square$

(7) $26 + 2 = \square$

(8) $25 + 2 = \square$

(9) $28 + 2 = \square$

(10) $27 + 2 = \square$

(11) $25 + 2 = \square$

(12) $22 + 2 = \square$

(13) $24 + 2 = \square$

(14) $26 + 2 = \square$

(15) $20 + 2 = \square$

꼭꼭 받아올림이 있는 덧셈은 더하는 수를 두 수로 갈라 더해지는 수와 더해서 계산하게 합니다.

다음 덧셈을 하세요.

(16) 3 + 2 = □

(17) 6 + 2 = □

(18) 12 + 2 = □

(19) 15 + 2 = □

(20) 10 + 2 = □

(21) 19 + 2 = □

(22) 20 + 2 = □

(23) 18 + 2 = □

(24) 23 + 2 = □

(25) 25 + 2 = □

(26) 26 + 2 = □

(27) 24 + 2 = □

(28) 28 + 2 = □

(29) 22 + 2 = □

(30) 21 + 2 = □

(31) 27 + 2 = □

41 차시 더하기 2 : (1~28)+2

1단계

다음 덧셈을 하세요.

더해지는 수가 10씩 커지면 답도 10씩 커져요.

(1) 1 + 2 = ☐

11 + 2 = ☐

21 + 2 = ☐

(2) 3 + 2 = ☐

13 + 2 = ☐

23 + 2 = ☐

(3) 4 + 2 = ☐

14 + 2 = ☐

24 + 2 = ☐

(4) 16 + 2 = ☐

26 + 2 = ☐

(5) 17 + 2 = ☐

27 + 2 = ☐

다음 덧셈을 하세요.

(6)
$5 + 2 = \square$
$15 + 2 = \square$
$25 + 2 = \square$

(7)
$6 + 2 = \square$
$16 + 2 = \square$
$26 + 2 = \square$

(8)
$7 + 2 = \square$
$17 + 2 = \square$
$27 + 2 = \square$

(9)
$8 + 2 = \square$
$18 + 2 = \square$
$28 + 2 = \square$

(10)
$12 + 2 = \square$
$22 + 2 = \square$

(11)
$14 + 2 = \square$
$24 + 2 = \square$

10씩 커지고 있는 수에 똑같은 수를 더하면 그 답도 10씩 커진다는 것을 알려 줍니다.

42차시 더하기 2 : (1～28)+2

다음 덧셈을 하세요.

(1) 5 + 2 = □

(2) 7 + 2 = □

(3) 10 + 2 = □

(4) 12 + 2 = □

(5) 19 + 2 = □

(6) 15 + 2 = □

(7) 18 + 2 = □

(8) 21 + 2 = □

(9) 20 + 2 = □

(10) 22 + 2 = □

(11) 23 + 2 = □

(12) 25 + 2 = □

(13) 24 + 2 = □

(14) 27 + 2 = □

(15) 28 + 2 = □

(16) 26 + 2 = □

 같은 것끼리 줄로 이으세요.

(17) 

(18) 

(19) 

(20) 

(21) 

43 차시 더하기 2 : (1~28)+2

1단계

다음 덧셈을 하세요.

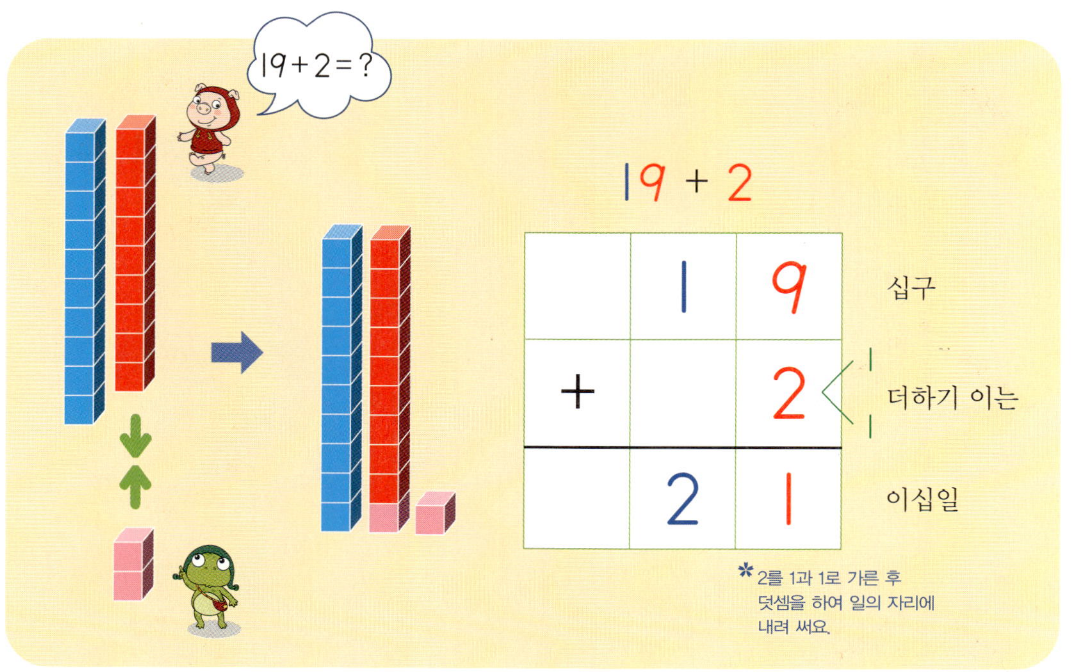

(1) 20 + 2

	2	0
+		2

(2) 21 + 2

	2	1
+		2

(3) 22 + 2

	2	2
+		2

꼭꼭 세로셈에서는 자릿수를 잘 맞춰서 계산해야 합니다. 자릿수를 맞추지 않아 답을 밀려서 쓰는 일이 없도록 주의합니다.

 다음 덧셈을 하세요.

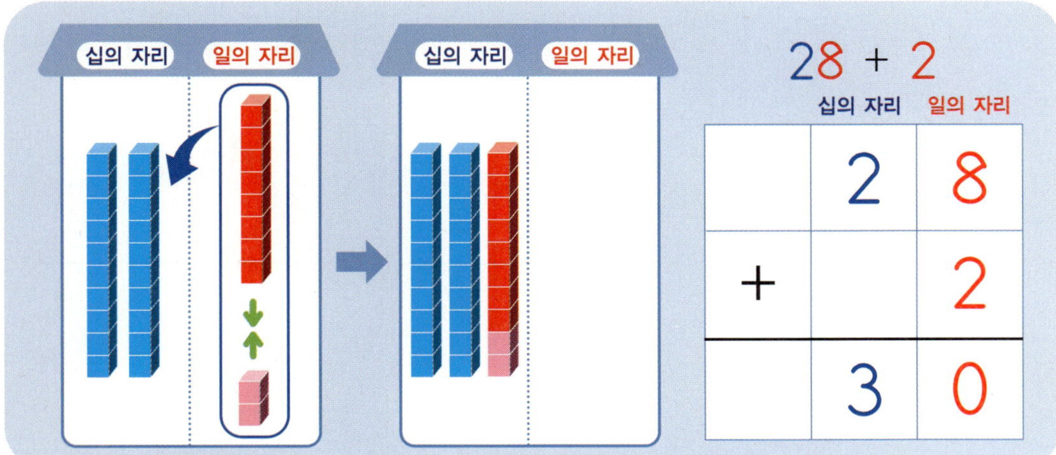

	2	8
+		2
	3	0

(4) 27 + 2

	2	7
+		2

(5) 26 + 2

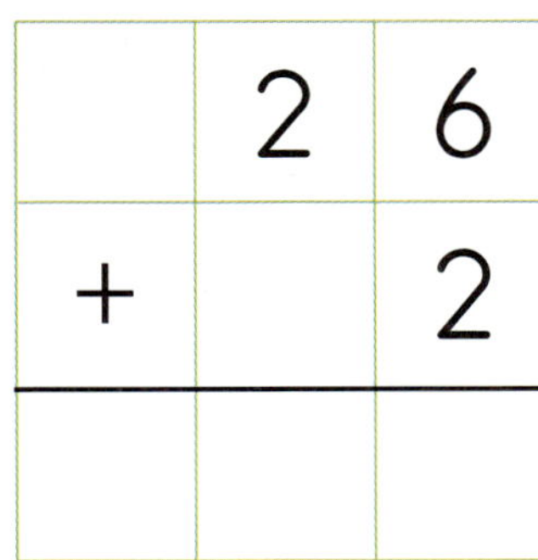

	2	6
+		2

(6) 25 + 2

	2	5
+		2

(7) 24 + 2

	2	4
+		2

(8) 23 + 2

	2	3
+		2

(9) 22 + 2

	2	2
+		2

44차시 더하기 2 : (1~28)+2

1단계

다음 덧셈을 하세요.

(1)

	2	1
+		2

(2)

	2	4
+		2

(3)

	2	6
+		2

(4)

	2	3
+		2

(5)

	1	9
+		2

(6)

	2	2
+		2

(7)

	2	8
+		2

(8)

	2	5
+		2

(9)

	2	7
+		2

다음 덧셈을 하세요.

(10) $3 + 2 =$

(11) $5 + 2 =$

(12) $9 + 2 =$

(13) $12 + 2 =$

(14) $19 + 2 =$

(15) $15 + 2 =$

(16) $25 + 2 =$

(17) $27 + 2 =$

(18) $23 + 2 =$

(19) $24 + 2 =$

(20) $28 + 2 =$

(21) $26 + 2 =$

더하기 2 : (1~28)+2

 다음 덧셈을 하세요.

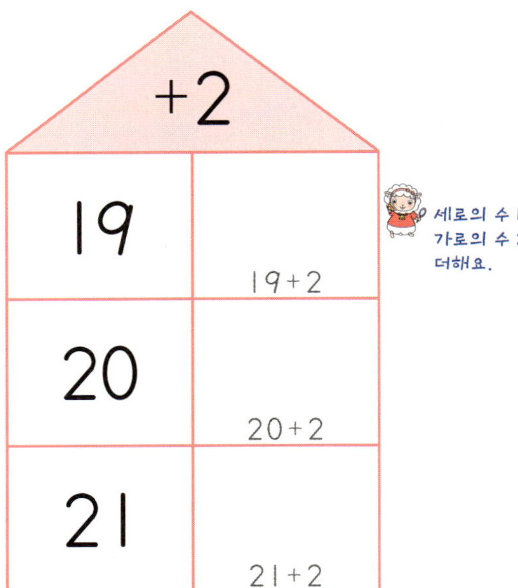

세로의 수 19에 가로의 수 2를 더해요.

+2	
22	
23	
24	

+2	
25	
26	
27	

+2	
28	
15	
17	

응용된 형태의 덧셈이 어려우면 가로셈과 세로셈을 충분히 반복 연습한 후, 다시 풀어 보게 합니다.

다음 덧셈을 하세요.

+	2
28	28+2
27	27+2
26	26+2
25	25+2
24	24+2
23	23+2
22	22+2

세로의 수 28에 가로의 수 2를 더해요.

+	2
21	
20	
19	
18	
15	
14	
12	

46차시 더하기 2 : (1~28)+2

 다음 덧셈을 하세요.

+	24	22	19	26
2	24+2	22+2	19+2	26+2

가로의 수 24에 세로의 수 2를 더해요.

+	21	28	23	18
2				

+	27	25	17	20
2				

 다음 덧셈을 하세요.

+	13	19	24	8	27	16
2	13+2	19+2	24+2	8+2	27+2	16+2

가로의 수 13에
세로의 수 2를 더해요.

+	22	14	26	18	15	28
2						

+	9	23	25	17	20	21
2						

47차시 더하기 2 : (1~28)+2

3단계

그림에 알맞은 덧셈식을 찾아 색칠하세요.

$18+2=20$	$17+2=19$	$19+2=21$

$20+2=22$	$21+2=23$	$15+2=17$

꼭꼭 "집에 곰 인형이 19개가 있었는데 엄마가 2개를 더 사 주셨어요." 하며 이야기를 꾸미고 곰 인형의 수를 세어 덧셈식을 찾게 합니다.

그림에 알맞은 덧셈식을 찾아 ○하세요.

15+2=17 23+2=25 20+2=22

16+2=18 24+2=26 26+2=28

23+2=25 27+2=29 18+2=20

더하기 2 : (1~28)+2

3단계

□ 안에 알맞은 수를 써넣어 덧셈식을 완성하세요.

□ + □ = □

각각의 공의 수를 세어서 써 봐요.

□ + □ = □

더하는 수가 같으므로 더해지는 수의 크기만으로 덧셈식의 크기를 예측해 보게 합니다.

덧셈을 하고, 계산 결과가 더 큰 덧셈식에 색칠하세요.

8 + 2 = ☐ 10 + 2 = ☐

17 + 2 = ☐ 15 + 2 = ☐

25 + 2 = ☐ 28 + 2 = ☐

14 + 2 = ☐ 24 + 2 = ☐

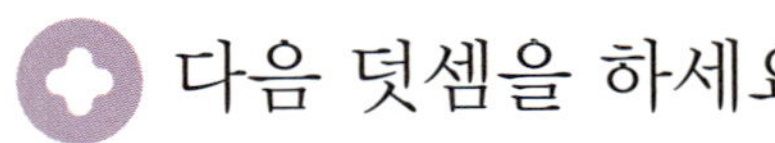

공부한 날 월 일

다음 덧셈을 하세요.

(1) $4 + 1 = \square$

(2) $5 + 2 = \square$

(3) $7 + 2 = \square$

(4) $6 + 1 = \square$

(5) $11 + 1 = \square$

(6) $14 + 2 = \square$

(7) $15 + 2 = \square$

(8) $17 + 1 = \square$

(9) $19 + 1 = \square$

(10) $18 + 2 = \square$

(11) $21 + 2 = \square$

(12) $24 + 1 = \square$

(13) $23 + 1 = \square$

(14) $25 + 2 = \square$

(15) $26 + 2 = \square$

(16) $29 + 1 = \square$

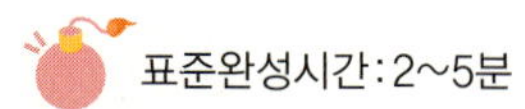

틀린 개수	0~2개	3~6개	7~12개	13개 이상
평가	아주 잘함	잘함	보통	노력 바람

채점을 하고, 틀린 개수에 맞게 ○하세요

(17) $4 + 2 =$ ☐

(18) $7 + 1 =$ ☐

(19) $1 + 1 =$ ☐

(20) $9 + 2 =$ ☐

(21) $12 + 2 =$ ☐

(22) $13 + 1 =$ ☐

(23) $15 + 1 =$ ☐

(24) $17 + 2 =$ ☐

(25) $19 + 2 =$ ☐

(26) $20 + 1 =$ ☐

(27) $18 + 1 =$ ☐

(28) $24 + 2 =$ ☐

(29) $22 + 2 =$ ☐

(30) $25 + 1 =$ ☐

(31) $26 + 1 =$ ☐

(32) $27 + 2 =$ ☐

(33) $23 + 2 =$ ☐

(34) $28 + 1 =$ ☐

(35)
$$\begin{array}{r} 2 \\ +\ 2 \\ \hline \end{array}$$

(36)
$$\begin{array}{r} 9 \\ +\ 1 \\ \hline \end{array}$$

(37)
$$\begin{array}{r} 8 \\ +\ 2 \\ \hline \end{array}$$

(38)
$$\begin{array}{r} 11 \\ +\ \ 1 \\ \hline \end{array}$$

(39)
$$\begin{array}{r} 16 \\ +\ \ 2 \\ \hline \end{array}$$

(40)
$$\begin{array}{r} 22 \\ +\ \ 1 \\ \hline \end{array}$$

(41)
$$\begin{array}{r} 23 \\ +\ \ 2 \\ \hline \end{array}$$

(42)
$$\begin{array}{r} 20 \\ +\ \ 1 \\ \hline \end{array}$$

(43)
$$\begin{array}{r} 19 \\ +\ \ 2 \\ \hline \end{array}$$

(44)
$$\begin{array}{r} 28 \\ +\ \ 1 \\ \hline \end{array}$$

(45)
$$\begin{array}{r} 24 \\ +\ \ 2 \\ \hline \end{array}$$

(46)
$$\begin{array}{r} 27 \\ +\ \ 2 \\ \hline \end{array}$$

기초계산 A6

자르는 선을 따라 잘라 보관하여, 채점할 때 사용하세요.

자르는 선

정답 및 지도서 A6

1주 더하기 1 : (1~29)+1

지도 방법

1. 앞에서 배운 (1~19)+1을 확실히 이해했는지 구두 테스트를 통해 확인해 보세요.
2. 수의 범위가 커져서 어려워하면, '1+1, 11+1, 21+1'과 같이 십의 자리 숫자만 바뀌었을 뿐 낱개 1개에 1개를 더하는 것은 똑같다는 사실을 아이에게 설명해 주세요.
3. 앞에서 더하기 1 학습을 많이 하였으므로, 구체물을 이용하여 풀어 보는 방법보다는, 문제를 보고 머릿속으로 충분히 생각한 후 답을 구하는 방법으로 풀도록 지도해 주세요.
4. 덧셈식을 보고 이야기를 만들어 보면서 덧셈의 원리와 다양한 표현을 익히게 해 주세요.

1 차시

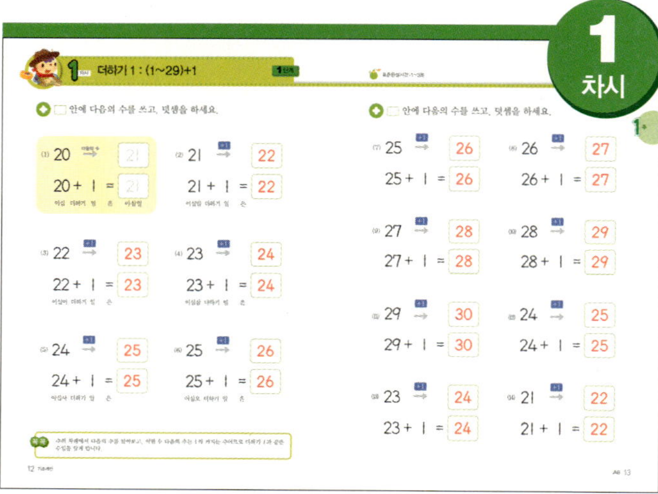
1 더하기 1 : (1~29)+1

□ 안에 다음의 수를 쓰고, 덧셈을 하세요.

(1) 20 → 21, 20 + 1 = 21
(2) 21 → 22, 21 + 1 = 22
(3) 22 → 23, 22 + 1 = 23
(4) 23 → 24, 23 + 1 = 24
(5) 24 → 25, 24 + 1 = 25
(6) 25 → 26, 25 + 1 = 26
(7) 25 → 26, 25 + 1 = 26
(8) 26 → 27, 26 + 1 = 27
(9) 27 → 28, 27 + 1 = 28
(10) 28 → 29, 28 + 1 = 29
(11) 29 → 30, 29 + 1 = 30
(12) 24 → 25, 24 + 1 = 25
(13) 23 → 24, 23 + 1 = 24
(14) 21 → 22, 21 + 1 = 22

12~13쪽

- 앞에서 배웠던 것보다 수가 커졌다고 어려워하거나 걱정할 필요는 없단다. 더하기 1은 다음의 수와 같아서 수 세기를 잘 하면 쉽게 풀 수 있단다.
- 1~30의 수를 세어 볼래?

2 차시

2 더하기 1 : (1~29)+1

수를 모아 □ 안에 알맞은 수를 쓰고, 덧셈을 하세요.

20 + 1 = 21

(1) 21 + 1 = 22
(2) 22 + 1 = 23
(3) 25 + 1 = 26
(4) 27 + 1 = 28
(5) 24 + 1 = 25
(6) 28 + 1 = 29
(7) 26 + 1 = 27
(8) 29 + 1 = 30

14~15쪽

- 28과 1, 두 수를 모아 볼까?
- 수만 보고 바로 모을 수 있겠니?
- 28보다 몇 큰 수를 구하면 될까?
- 28보다 1 큰 수니까 28 다음의 수를 알아보면 되겠구나.

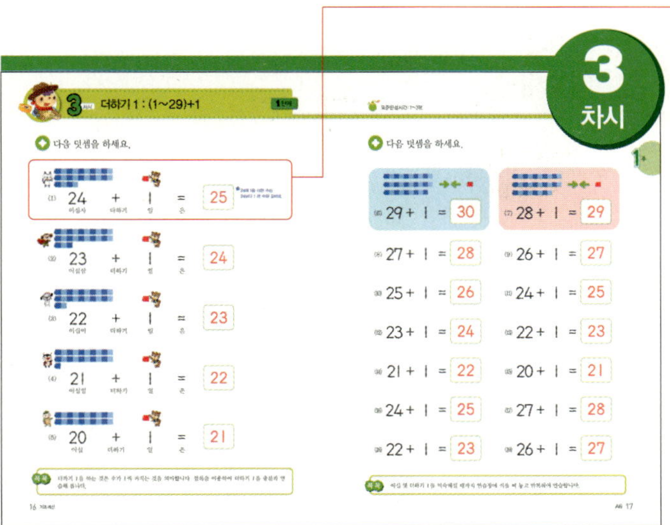

16~17쪽

- 블록이 몇 개 있는지 세어 볼래?
- 블록 한 개를 더하니까 1 큰 수지?
- '24+1=25'를 '이십사 더하기 일은 이십오와 같습니다.'라고 읽는단다.
- 소리 내어 다시 읽어 볼래?

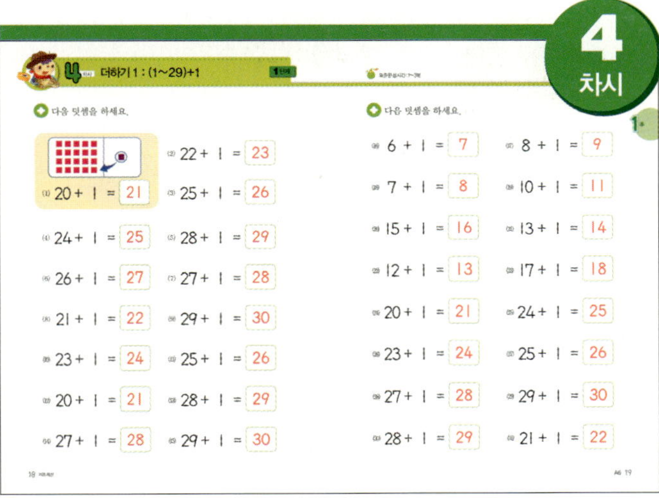

18~19쪽

- 더하기 1은 다음의 수나 1 큰 수로 알아보면 쉽게 풀 수 있겠지.
- 문제를 풀어 보고 덧셈식을 소리 내어 읽어 볼래?
- 엄마가 더하기 1 문제를 낼테니 잘 듣고 풀어 보렴.

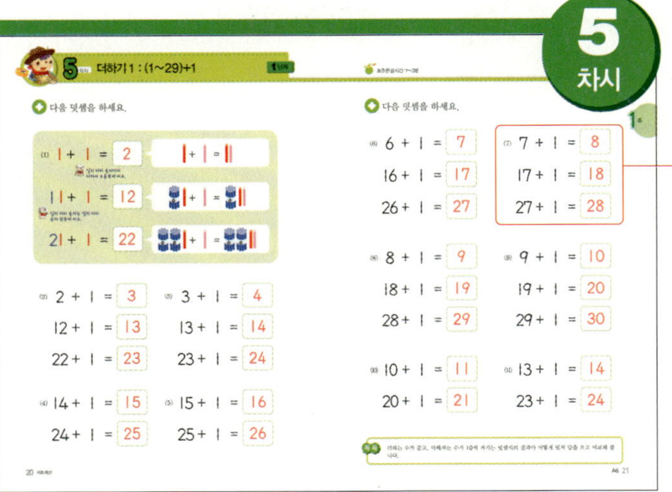

20~21쪽

- 7+1, 17+1, 27+1을 풀어 보자. 일의 자리 수가 모두 7로 같고, 더하는 수도 똑같으므로 답의 일의 자리 수가 모두 같단다.
- 6+1은? 16+1은? 26+1은? 그럼 36+1은 얼마일까?

정답 및 지도서 A6

6 차시

6 더하기 1 : (1~29)+1

다음 덧셈을 하세요.

4 + 1 = 5, 5 + 1 = 6, 9 + 1 = 10, 11 + 1 = 12, 16 + 1 = 17, 14 + 1 = 15, 18 + 1 = 19, 19 + 1 = 20, 23 + 1 = 24, 25 + 1 = 26, 22 + 1 = 23, 26 + 1 = 27, 28 + 1 = 29, 21 + 1 = 22, 20 + 1 = 21, 27 + 1 = 28

다음 덧셈을 하세요.

3 + 1 = 4, 10 + 1 = 11, 6 + 1 = 7, 12 + 1 = 13, 13 + 1 = 14, 17 + 1 = 18, 21 + 1 = 22, 15 + 1 = 16, 29 + 1 = 30, 23 + 1 = 24, 24 + 1 = 25, 20 + 1 = 21, 25 + 1 = 26, 22 + 1 = 23, 26 + 1 = 27, 28 + 1 = 29

22~23쪽

- 문제를 다 풀었으면 엄마랑 덧셈식을 여러 가지 방법으로 말해 볼까?
- '4 더하기 1은 5와 같습니다.'

  다른 방법으로 ○○가 말해 보렴.
- '4개보다 1개 더 많은 수는 5개입니다.'
- '4보다 1 큰 수는 5입니다.'

7 차시

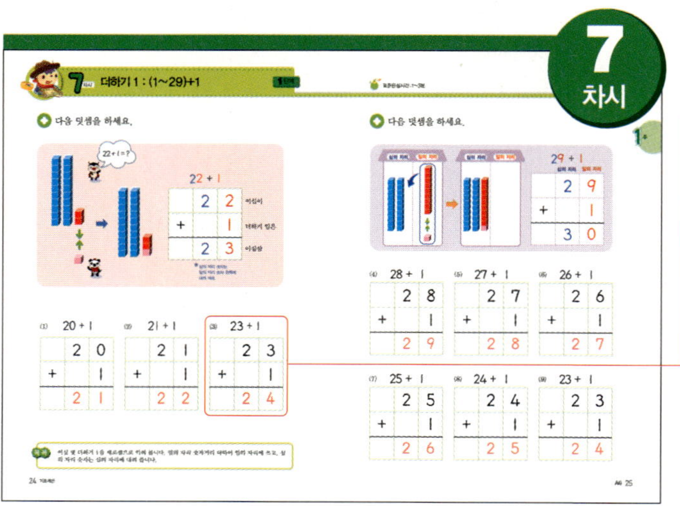

24~25쪽

- 3+1이 몇이지? 13+1은 몇이니?
- 23+1은 몇일까? 3 다음의 수 4를 일의 자리에 써 주고 십의 자릿수 2는 그대로 내려 쓰면 된단다.

8 차시

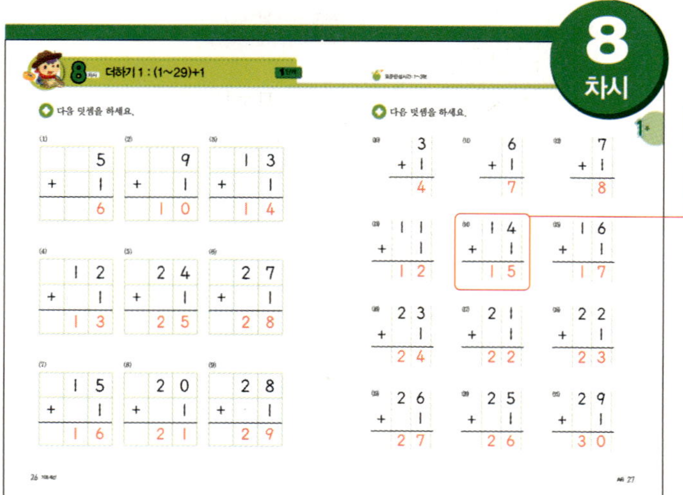

26~27쪽

- 세로셈으로 더하기 1 문제를 풀어 보자.
- ○○가 푼 문제를 가지고 엄마가 이야기를 만들어 볼게.
- ○○네 반에 친구들이 14명 있었는데 1명이 새로 왔어. 그래서 ○○네 반 친구들이 모두 15명이 되었지.

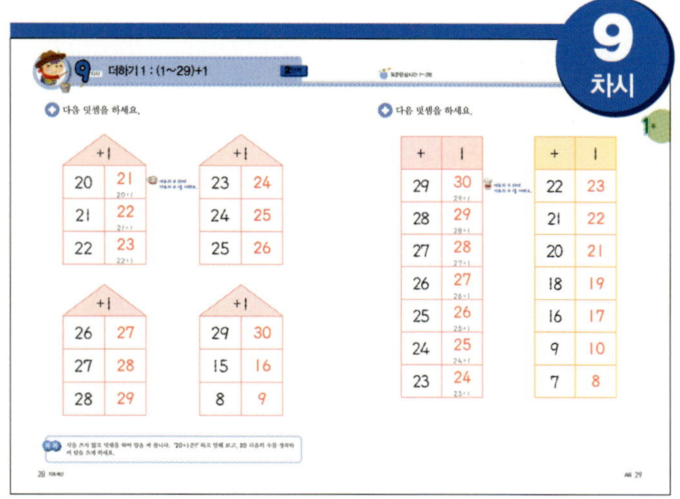

9차시 더하기1 : (1~29)+1

다음 덧셈을 하세요.

+1	
20	21
21	22
22	23

+1	
23	24
24	25
25	26

+1	
26	27
27	28
28	29

+1	
29	30
15	16
8	9

다음 덧셈을 하세요.

+	1
29	30
28	29
27	28
26	27
25	26
24	25
23	24

+	1
22	23
21	22
20	21
18	19
16	17
9	10
7	8

28~29쪽

- 세로의 수에 1을 더하는 문제구나.
- 세로의 수들을 읽어 볼래? 세로의 수들이 1씩 작아지니? 커지니?
- 답들을 읽어 보자. 답은 어떻게 되었니? 1씩 작아지니? 커지니?

10차시 더하기1 : (1~29)+1

다음 덧셈을 하세요.

+	26	21
1	27	22

+	25	23
1	26	24

+	24	27
1	25	28

+	28	22
1	29	23

+	20	29
1	21	30

+	17	19
1	18	20

다음 덧셈을 하세요.

+	22	25	24	27
1	23	26	25	28

+	26	29	23	19
1	27	30	24	20

+	28	20	21	18
1	29	21	22	19

30~31쪽

- 문제를 여러 번 풀다 보면 문제만 보고도 답이 머릿속에 떠올라서 바로 답을 쓸 수 있게 된단다.
- 지금처럼 매일 더하기 공부를 열심히 하면 더하기 문제를 정말 쉽게 풀 수 있게 될거야.

11차시 더하기1 : (1~29)+1

그림에 알맞은 덧셈식을 찾아 색칠하세요.

20+1=21 18+1=19 10+1=11

25+1=26 21+1=22 23+1=24

그림에 알맞은 덧셈식을 찾아 ○하세요.

21+1=22 17+1=18 25+1=26

16+1=17 25+1=26 24+1=25

9+1=10 19+1=20 29+1=30

32~33쪽

- 엄마가 말하는 이야기를 듣고 알맞은 식을 찾아볼래?
- 곰돌이에게 꿀단지 20개가 있었는데 꿀단지 1개를 더 가지고 왔어.
- 꿀단지는 모두 몇 개가 되었을까? 덧셈식으로 바르게 나타낸 것을 찾아보자.

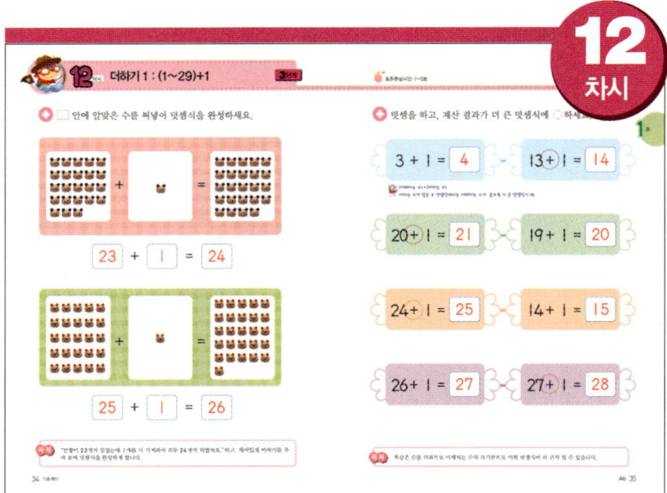

34~35쪽

- 두 덧셈식을 보고 어느 식의 답이 더 클지 생각해 볼래?
- 더하는 수가 같으면 앞의 더해지는 수가 클수록 답이 더 크단다.
- 20+1은 몇이니? 19+1은 몇이니? 어느 것의 답이 더 크지?

체크 포인트

1. 간단한 구두 테스트나 필산으로 지금까지 배운 (1~29)+1의 학습을 종합적으로 정리하는 시간을 가져 주세요.
2. 아이가 자주 틀리거나 어려워하는 덧셈식은 여러 번 반복 학습하여 정확히 알고 넘어가도록 지도해 주세요. 더하기 1 학습에 조금이라도 어려움을 보이면, 더하기 2 학습을 진행하지 마세요.

더하기 2 : (1~8)+2

지도 방법

❶ 더하기 2 학습을 시작하기 전에, 더하기 1 학습을 충분히 잘했는지 확인해 주세요. 답을 말하는 데 시간이 오래 걸리거나 틀린 답을 말하는 횟수가 많으면, 무리해서 더하기 2 학습을 시키지 마시고 1~30의 수 세기와 다음의 수 물어 보기, 구체물을 가지고 직접 더해 보기, 구두 테스트 등 다양한 방법으로 더하기 1 연습을 충분히 시켜 주세요.

❷ 더하기 1은 다음의 수와 같음을 상기시켜 주고, 더하기 2는 어떤 수와 같을지 물어 보세요. 그런 다음 더하기 2는 다음 다음의 수와 같고, 더하기 1보다 1 큰 수라는 두 가지 개념으로 이해시키며 여러 가지 문제를 통해 (1~8)+2를 익힐 수 있게 해 주세요.

❸ '1 다음의 수는? 그럼 1 다음 다음의 수는?' 과 같이 순차적으로 물어 아이가 부담 없이 다음 다음의 수를 말할 수 있게 해 주세요.

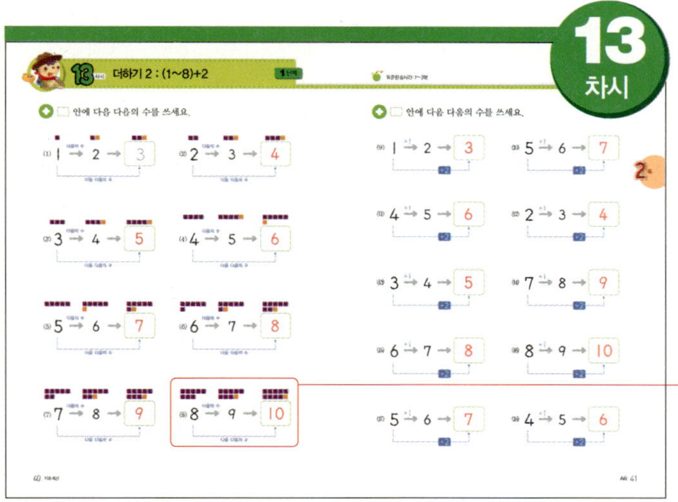

40~41쪽

- 다음의 수는 더하기 몇과 같았지?
- 8 다음의 수는 몇일까? 9 다음의 수는 몇일까? 8부터 10까지는 몇이 커졌니?
- 어떤 수의 다음의 수는 더하기 1과 같으니까 어떤 수의 다음 다음의 수는 더하기 2와 같단다.

정답 및 지도서 A6

42~43쪽

- 어떤 수의 다음 다음의 수는 더하기 2와 같다고 했지?
- 3 다음의 수는 몇이니?
- 4 다음의 수는? 그럼 3 다음 다음의 수는?
- 3 더하기 2는 몇일까?

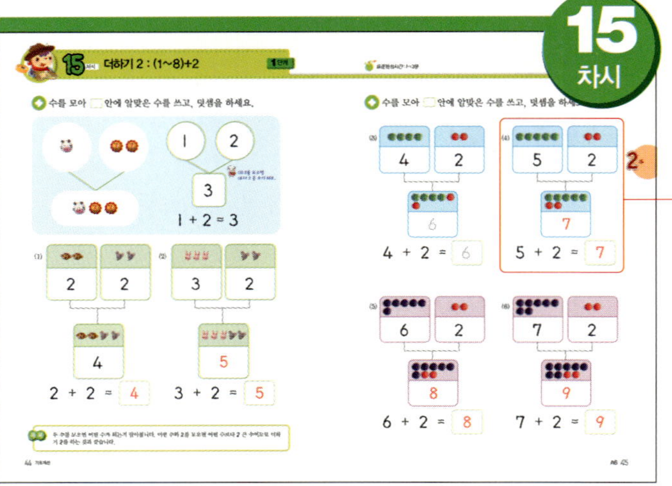

44~45쪽

- 왼쪽에 구슬이 몇 개 있는지 세어 볼래? 오른쪽 구슬은 몇 개니?
- 5개와 2개의 구슬을 모으면 모두 몇 개가 될까? 구슬을 세어 모두 몇 개인지 확인해 보렴.
- 5와 2를 모으는 것은 5에 2를 더하는 것과 같단다. 그럼 5+2=7이라고 쓸 수 있겠지?

46~47쪽

- 블록 6개에 2개를 더하면 모두 몇 개가 될까?
- '6+2=8'을 '육 더하기 이는 팔과 같습니다.'라고 읽는단다.
- '6+2=8'을 큰 소리로 읽어 볼래?

17 차시

17차시 더하기 2 : (1~8)+2

다음 덧셈을 하세요.

(1) 8 + 2 = 10
(2) 7 + 2 = 9
(3) 6 + 2 = 8
(4) 5 + 2 = 7
(5) 4 + 2 = 6
(6) 3 + 2 = 5
(7) 2 + 2 = 4
(8) 1 + 2 = 3
(9) 7 + 2 = 9
(10) 4 + 2 = 6
(11) 6 + 2 = 8
(12) 8 + 2 = 10
(13) 5 + 2 = 7
(14) 3 + 2 = 5

다음 덧셈을 하세요.

(15) 3 + 2 = 5
(16) 1 + 2 = 3
(17) 2 + 2 = 4
(18) 4 + 2 = 6
(19) 5 + 2 = 7
(20) 7 + 2 = 9
(21) 6 + 2 = 8
(22) 2 + 2 = 4
(23) 8 + 2 = 10
(24) 3 + 2 = 5
(25) 1 + 2 = 3
(26) 6 + 2 = 8
(27) 4 + 2 = 6
(28) 7 + 2 = 9
(29) 5 + 2 = 7
(30) 8 + 2 = 10

48~49쪽

- 더하기 1은 다음의 수와 같고 더하기 2는 어떤 수와 같다고 했지?
- 1부터 10까지 다음 다음의 수를 순서대로 말해 볼래?
- 더하기 2는 다음 다음의 수와 같다는 것을 기억하면서 차근차근 풀어 보렴.

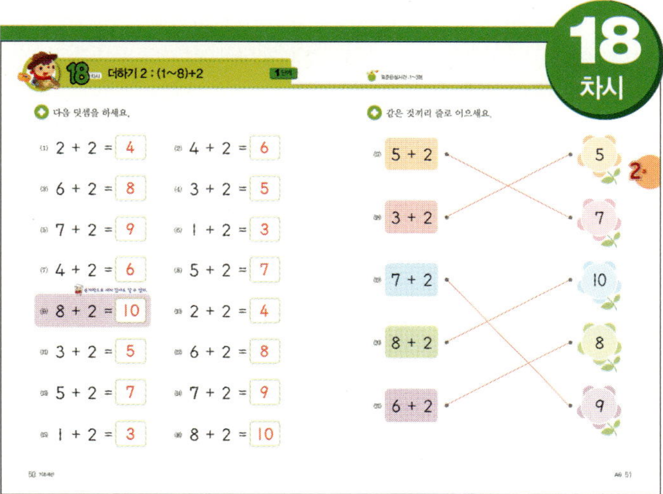
18 차시

18차시 더하기 2 : (1~8)+2

다음 덧셈을 하세요.

(1) 2 + 2 = 4
(2) 4 + 2 = 6
(3) 6 + 2 = 8
(4) 3 + 2 = 5
(5) 7 + 2 = 9
(6) 1 + 2 = 3
(7) 4 + 2 = 6
(8) 5 + 2 = 7
(9) 8 + 2 = 10
(10) 2 + 2 = 4
(11) 3 + 2 = 5
(12) 6 + 2 = 8
(13) 5 + 2 = 7
(14) 7 + 2 = 9
(15) 1 + 2 = 3
(16) 8 + 2 = 10

같은 것끼리 줄로 이으세요.

5 + 2 — 7
3 + 2 — 5
7 + 2 — 9
8 + 2 — 10
6 + 2 — 8

50~51쪽

- 5개의 덧셈식이 있구나. 덧셈식을 풀어 볼래?
- 덧셈식을 다 풀었으면 답이 큰 수부터 식을 읽어 보자.
- 오른쪽에 있는 숫자와 답이 같은 것끼리 연결하면 된단다.

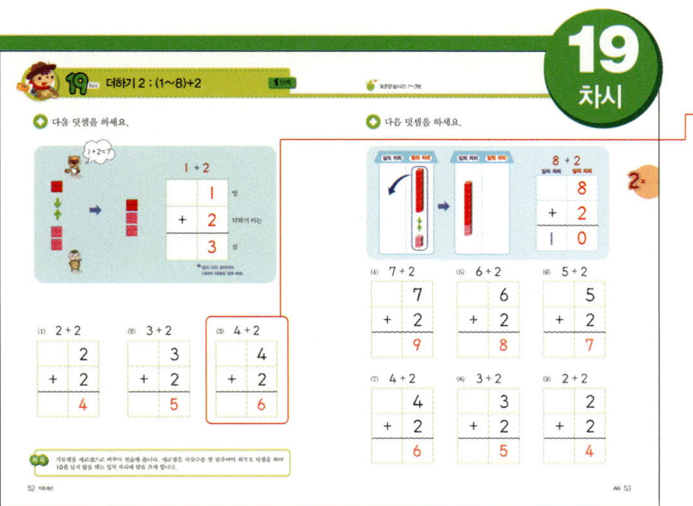
19 차시

19차시 더하기 2 : (1~8)+2

다음 덧셈을 하세요.

1 + 2 = 3

(1) 2 + 2 = 4
(2) 3 + 2 = 5
(3) 4 + 2 = 6

다음 덧셈을 하세요.

8 + 2 = 10

(4) 7 + 2 = 9
(5) 6 + 2 = 8
(6) 5 + 2 = 7
(7) 4 + 2 = 6
(8) 3 + 2 = 5
(9) 2 + 2 = 4

52~53쪽

- 세로셈을 먼저 큰 소리로 읽어 볼래?
- ○○가 좋아하는 과자를 가져와서 '4+2'를 풀어 볼까?
- 과자가 4개 있는데 2개를 더 가져오면 모두 몇 개일까?

54~55쪽

- 여러 개의 세로셈이 있구나. 천천히 덧셈식을 풀어 볼래?
- 답이 10을 넘지 않을 때는 그대로 일의 자리에 답을 내려 쓰면 된단다.

56~57쪽

- 숫자만 보고 더하기 2 문제를 풀 수 있겠니?
- 세로의 수에 각각 2를 더해서 답을 써 보자.
- 어려운 것은 빈칸 아래에 식을 써 놓고 천천히 풀어 보렴.

58~59쪽

- 더하기 2를 푸는 여러 가지 방법을 이야기해 볼래?
- 다음 다음의 수로 풀어 보는 것, 더하기 1보다 1 큰 수로 풀어 보는 것, 더하는 수만큼 ○를 그려서 세어 보는 것 중 ○○가 쉬운 방법으로 문제를 풀어 보자.

23 차시

60~61쪽

- 엄마의 말을 듣고 연습장에 계산식을 써 보렴.
- 우주선이 5대 날아가고 있었는데 2대가 뒤쫓아왔어. 모두 몇 대가 되었니?
- 네가 쓴 덧셈식이 있는지 찾아볼까?

24 차시

62~63쪽

- 어떤 수에 똑같이 2를 더하면 더해지는 수가 더 큰 쪽이 답도 더 크단다.
- 5+2, 8+2 중에 어느 것의 답이 더 큰지 생각해서 말해 볼래?
- ○○가 생각한 답이 맞는지 확인해 볼까?

체크 포인트

1. 아이가 다음 다음의 수가 무엇인지 잘 이해하고 있으면, '3 다음 다음의 수'와 '3+2'와 같이 다음 다음의 수와 더하기 2를 연계시킨 문제를 반복 연습하도록 지도해 주세요.
2. 아이가 어려워하는 경우는 학습 내용을 이해하지 못하는 것과, 알고 있지만 표현이 달라서 어려워하는 것이 있습니다. 아이가 어려워하는 부분은 반복 학습시켜 주시고 다양한 표현을 익히도록 지도해 주세요.
3. 2, 4, 6, 8, 10이나 1, 3, 5, 7, 9와 같이 2씩 뛰어 세기 연습을 꾸준히 하면 더하기 2 문제를 쉽게 풀 수 있습니다.

정답 및 지도서 A6

3주 더하기 2 : (1~18)+2

지도 방법

1. 앞에서 배운 (1~8)+2를 정확히 이해하고 있는지 구두 테스트를 통해 확인해 보세요.
2. (1~8)+2를 막힘 없이 잘 풀면, 다양한 문제를 통해 (9~18)+2를 중점적으로 학습시켜 주세요.
3. 1부터 하나씩 숫자를 불러 주고, 아이가 불러 준 숫자의 다음 다음의 수를 말해 보게 해 주세요.
4. 더하기 2는 다음 다음의 수와 같은 것이므로, 2씩 뛰어 세기 연습을 하면 더하기 2 학습을 하는데 많은 도움이 됩니다. 1~20의 수 범위 안에서 1부터 2씩 뛰어 센 수인 1, 3, 5 …… 17, 19를 이어서 말할 수 있도록 지도해 주세요. 같은 방법으로 2부터 2씩 뛰어 센 수인 2, 4, 6 …… 18, 20도 이어서 말할 수 있도록 연습시켜 주세요.

25 차시

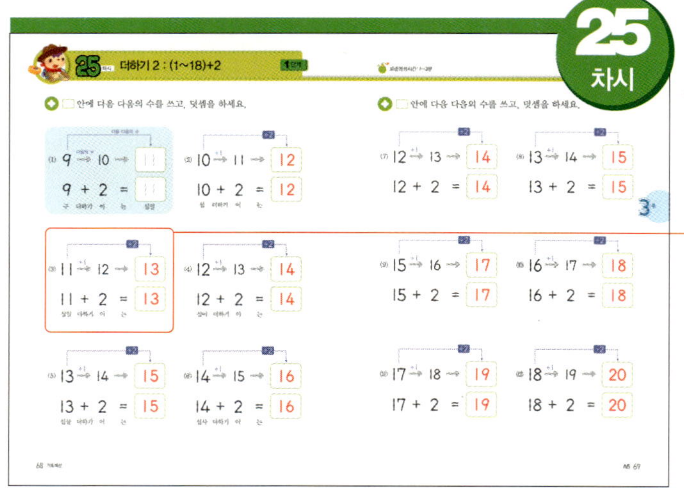

68~69쪽

- 앞에서 더하기 2를 배웠지?
- 오늘도 더하기 2를 배울 거야. 수의 범위만 커졌지 앞에서 배운 것처럼 어떤 수의 다음 다음의 수를 구하면 된단다.
- 11 다음 다음의 수는 몇일까?
- 그럼 11+2는 몇일까?

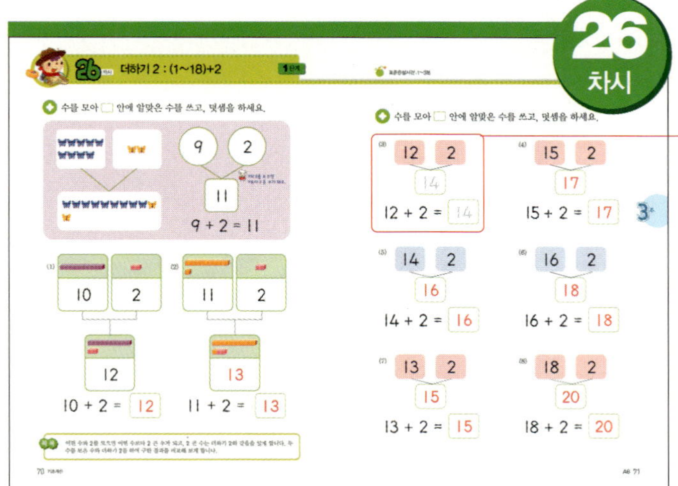

70~71쪽

- 귤을 가지고 두 수를 모으기 해 보자.
- 두 수 모으기는 더하기와 같은 거지?
- 귤 12개에 귤 2개를 더하면 모두 몇 개가 되니?
- 2개를 더했으니까 더하기 2와 같지?

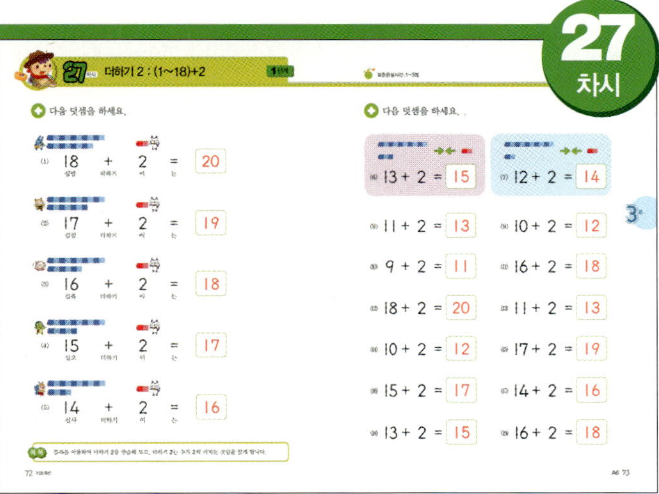

72~73쪽

- 1~20의 수를 세어 볼래?
- 1~20을 2씩 뛰어 세어 볼까?
- 엄마가 1부터 2씩 뛰어 세어 볼게. 1, 3, 5 …… 17, 19.
- 이번에는 ○○가 2부터 2씩 뛰어 세어 볼까?
- 우리 ○○는 뛰어 세기 대장이네.

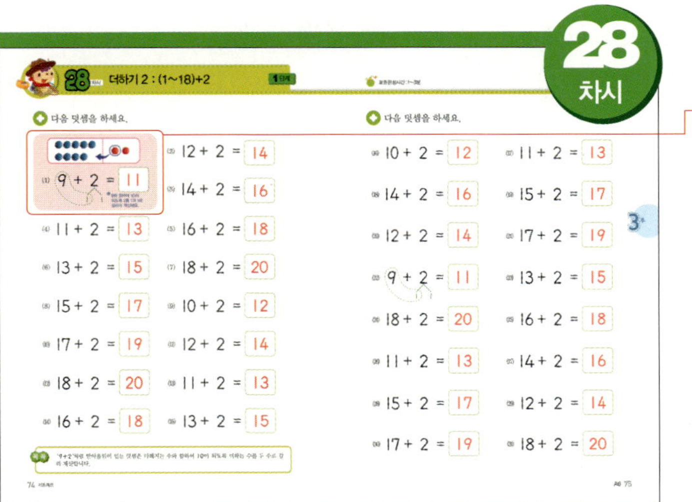

74~75쪽

- 파란색 동그라미와 빨간색 동그라미를 더하면 모두 몇 개가 될까?
- 11개가 되었지? 그럼 '9+2=11'이라고 할 수 있지?
- 더하는 수 2가 9에게 1을 주어 10+1로 바꾸어 풀 수도 있단다.

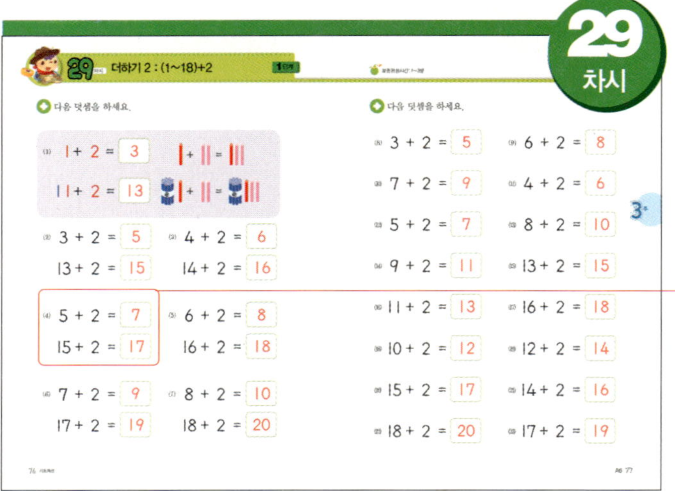

29 차시

29 더하기 2 : (1~18)+2

다음 덧셈을 하세요.

1+2=3, 11+2=13
3+2=5, 13+2=15
4+2=6, 14+2=16
5+2=7, 15+2=17
6+2=8, 16+2=18
7+2=9, 17+2=19
8+2=10, 18+2=20

다음 덧셈을 하세요.

3+2=5, 6+2=8
7+2=9, 4+2=6
5+2=7, 8+2=10
9+2=11, 13+2=15
11+2=13, 16+2=18
10+2=12, 12+2=14
15+2=17, 14+2=16
18+2=20, 17+2=19

76~77쪽

- 5, 15처럼 일의 자리가 5로 같은 수에 똑같이 2를 더하면 답의 일의 자리가 어떻게 된다고 했지?
- 그래, 답의 일의 자리도 똑같단다.

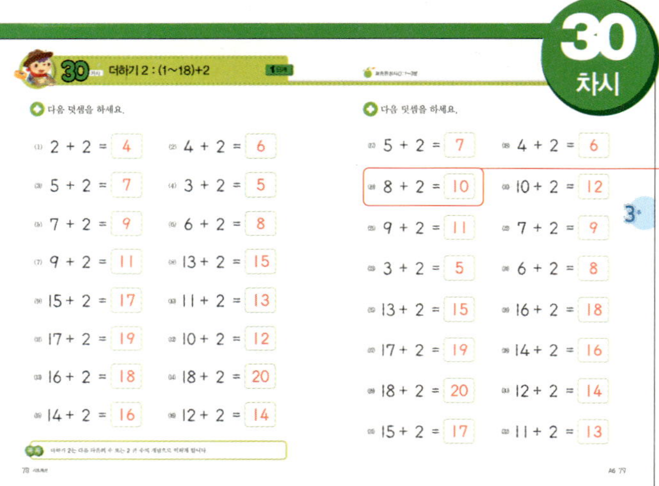

30 차시

30 더하기 2 : (1~18)+2

다음 덧셈을 하세요.

2+2=4, 4+2=6
5+2=7, 3+2=5
7+2=9, 6+2=8
9+2=11, 13+2=15
15+2=17, 11+2=13
17+2=19, 10+2=12
16+2=18, 18+2=20
14+2=16, 12+2=14

다음 덧셈을 하세요.

5+2=7, 4+2=6
8+2=10, 10+2=12
9+2=11, 7+2=9
3+2=5, 6+2=8
13+2=15, 16+2=18
17+2=19, 14+2=16
18+2=20, 12+2=14
15+2=17, 11+2=13

78~79쪽

- 더하기 2를 해서 답이 10이 되는 덧셈식이 있어.
- 어떤 덧셈식인지 빨리 찾기 시합을 해 보자. 8+2가 더해서 10이 되는 덧셈식이란다.
- 합이 10이 되는 덧셈식을 잘 알아 두면 큰 수의 더하기를 쉽게 할 수 있단다.

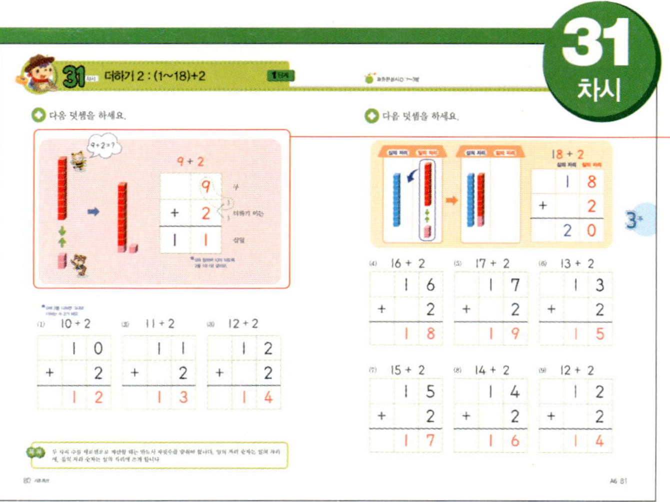

31 차시

31 더하기 2 : (1~18)+2

다음 덧셈을 하세요.

9+2: 9 + 2 = 11

10+2=12, 11+2=13, 12+2=14

다음 덧셈을 하세요.

18+2: 18 + 2 = 20

16+2=18, 17+2=19, 13+2=15
15+2=17, 14+2=16, 12+2=14

80~81쪽

- 9를 10으로 만들려면 몇이 있어야 할까?
- 두 수를 모아서 10을 만들었던 것 기억하니? 더하는 수 2를 앞의 수 9가 10이 되도록 1과 1로 갈라 보자.
- 9+2=11

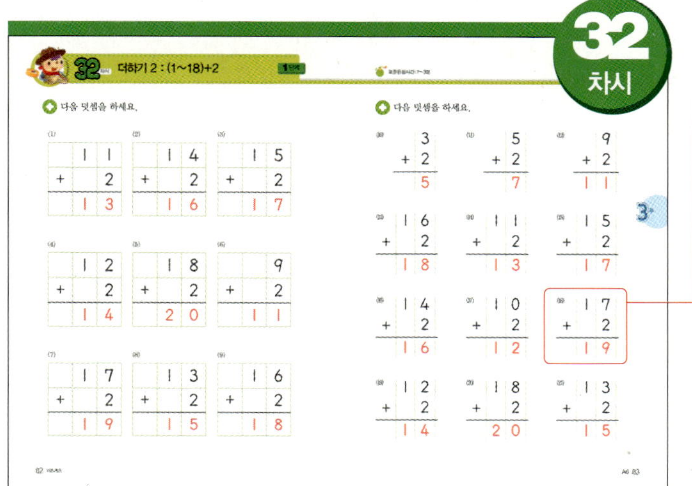

82~83쪽

- 17+2를 풀어 볼까?
- 먼저 일의 자리 숫자 7에 2를 더하면 몇이니?
- 9를 일의 자리에 쓰고 십의 자리 숫자 1은 더하는 수가 없으니까 그대로 십의 자리에 내려 쓰면 되겠지?

84~85쪽

- 세로의 수에 각각 2를 더해서 답을 써 보자.
- 답이 생각나지 않을 때는 2 큰 수나 다음 다음의 수를 생각해 보렴.

86~87쪽

- 이번에는 가로의 수에 2를 더해서 답을 써 보자.
- 다른 칸에 답을 쓰지 않도록 주의하렴.
- 2씩 뛰어 세기 연습을 많이 하면, 더하기 2 문제를 쉽게 풀 수 있어.

88~89쪽

- 블록을 보고 알맞은 덧셈식을 찾아볼까? 몇 개와 몇 개씩인지 각각 세어 그림 밑에 써 볼까?
- 양쪽의 블록을 모으는 모습이니 ○○가 쓴 숫자 중간에 '+' 만 쓰면 덧셈식이 완성되겠구나.
- 식을 보고 답을 구해 보자. 답이 맞았는지 블록을 모두 세어 확인해 볼래?

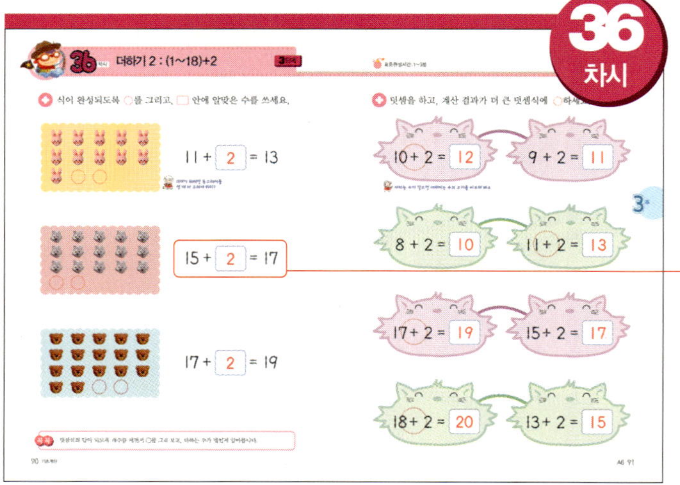

90~91쪽

- 동그라미 몇 개를 더 그려야 17개가 될까?
- 그림이 15개였으니까 17이 될 때까지 ○를 그려 볼까? 모두 몇 개가 되었니?

체크 포인트

❶ '12+2=14'를 '12 더하기 2는 14와 같습니다.', '12보다 2 큰 수는 14입니다.', '12개보다 2개 더 많은 것은 14개입니다.', '12 다음 다음의 수는 14입니다.' 등으로 읽어 주어, 덧셈식의 다양한 표현에 익숙해지도록 지도해 주세요.

❷ 더해지는 수와 더하는 수가 커지더라도 더하기의 개념을 이해하면 어떤 수이든 쉽게 풀 수 있습니다. 아직은 더하기의 개념을 익히는 단계이므로 생활 속에서 더하기의 상황을 자주 경험하게 해 주세요.

정답 및 지도서 A6

더하기 2 : (1~28)+2

지도 방법

❶ 앞에서 배운 (1~18)+2를 확실히 이해했는지, 더하기 2는 다음 다음의 수와 같다는 개념을 이해했는지 확인하고, 다양한 문제를 통하여 (1~28)+2를 완전 학습할 수 있도록 지도해 주세요.

❷ 수의 범위가 커져서 어려워하면 더하는 원리는 똑같다는 사실을 아이에게 충분히 설명해 주세요.

❸ 2씩 뛰어 세기 연습을 충분히 한 후, 1 더하기 2는 3, 3 더하기 2는 5와 같이 순서대로 2씩 더한 수를 말할 수 있도록 연습시켜 주세요.

❹ 개수가 많을 때에는 세는 활동만으로는 전체 개수를 파악하기 어려우므로 사물이나 동그라미를 그려 풀어 보는 방법보다는 문제를 보고 머릿속으로 어떻게 풀지 충분히 생각하게 한 후 답을 말하도록 연습시켜 주세요.

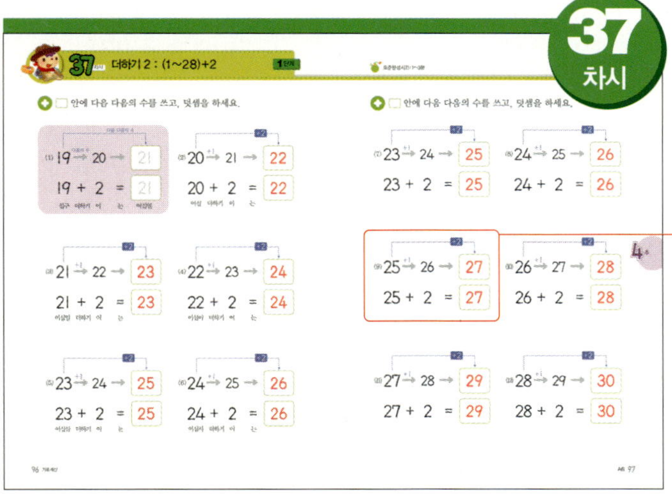

37 차시

37 더하기 2 : (1~28)+2

□ 안에 다음 다음의 수를 쓰고, 덧셈을 하세요.

(1) 19 → 20 → 21 / 19 + 2 = 21

(2) 20 → 21 → 22 / 20 + 2 = 22

(3) 21 → 22 → 23 / 21 + 2 = 23

(4) 22 → 23 → 24 / 22 + 2 = 24

(5) 23 → 24 → 25 / 23 + 2 = 25

(6) 24 → 25 → 26 / 24 + 2 = 26

□ 안에 다음 다음의 수를 쓰고, 덧셈을 하세요.

(7) 23 → 24 → 25 / 23 + 2 = 25

(8) 24 → 25 → 26 / 24 + 2 = 26

(9) 25 → 26 → 27 / 25 + 2 = 27

(10) 26 → 27 → 28 / 26 + 2 = 28

(11) 27 → 28 → 29 / 27 + 2 = 29

(12) 28 → 29 → 30 / 28 + 2 = 30

96~97쪽

- 25 다음의 수는 몇이니?
- 26 다음의 수는 몇이니?
- 덧셈식으로 나타내어 보자. 다음 다음의 수는 더하기 2와 같았지?
- 25 다음 다음의 수가 27이니 25+2는 27이 된단다.

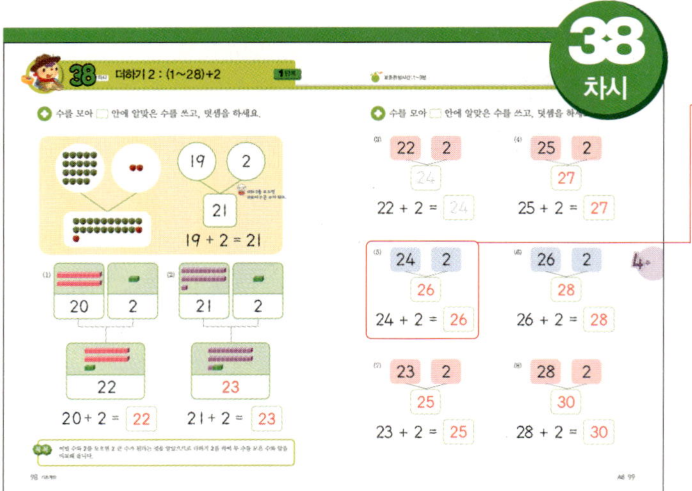

38 차시

38 더하기 2 : (1~28)+2

수를 모아 □ 안에 알맞은 수를 쓰고, 덧셈을 하세요.

19, 2 → 21 / 19 + 2 = 21

(1) 20, 2 → 22 / 20 + 2 = 22

(2) 21, 2 → 23 / 21 + 2 = 23

(3) 22, 2 → 24 / 22 + 2 = 24

(4) 25, 2 → 27 / 25 + 2 = 27

(5) 24, 2 → 26 / 24 + 2 = 26

(6) 26, 2 → 28 / 26 + 2 = 28

(7) 23, 2 → 25 / 23 + 2 = 25

(8) 28, 2 → 30 / 28 + 2 = 30

98~99쪽

- 24와 2 두 수를 모아 볼까?
- 4와 2를 모으면 몇이니? 14와 2를 모으면 몇이니?
- 그럼 24와 2를 모으면 몇이니? 수가 커져도 문제를 푸는 방법은 모두 같단다.

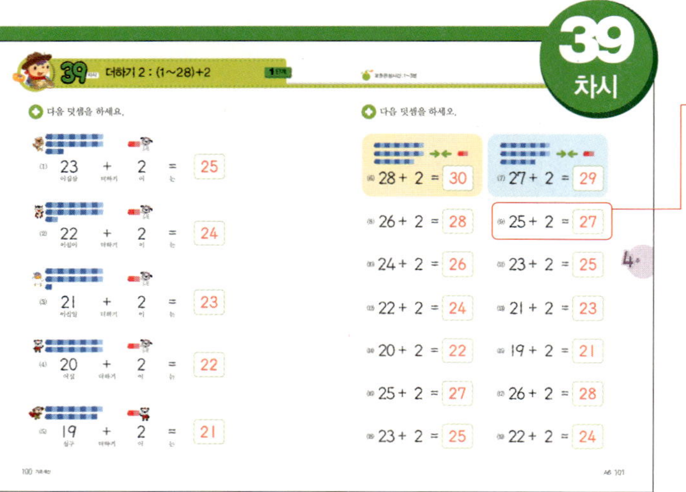

39 차시

39 더하기 2 : (1~28)+2

다음 덧셈을 하세요.

(1) 23 + 2 = 25
(2) 22 + 2 = 24
(3) 21 + 2 = 23
(4) 20 + 2 = 22
(5) 19 + 2 = 21
(6) 28 + 2 = 30
(7) 27 + 2 = 29
(8) 26 + 2 = 28
(9) 25 + 2 = 27
(10) 24 + 2 = 26
(11) 23 + 2 = 25
(12) 22 + 2 = 24
(13) 21 + 2 = 23
(14) 20 + 2 = 22
(15) 19 + 2 = 21
(16) 25 + 2 = 27
(17) 26 + 2 = 28
(18) 23 + 2 = 25
(19) 22 + 2 = 24

100~101쪽

- 25+2를 수만 보고 풀 수 있겠니?
- 어려우면 연습장에 19부터 30까지 숫자를 써 볼래?
- 25를 가리켜 볼래? 25 다음 다음의 수를 말해 보자.
- 25+2는 답이 무엇일까?

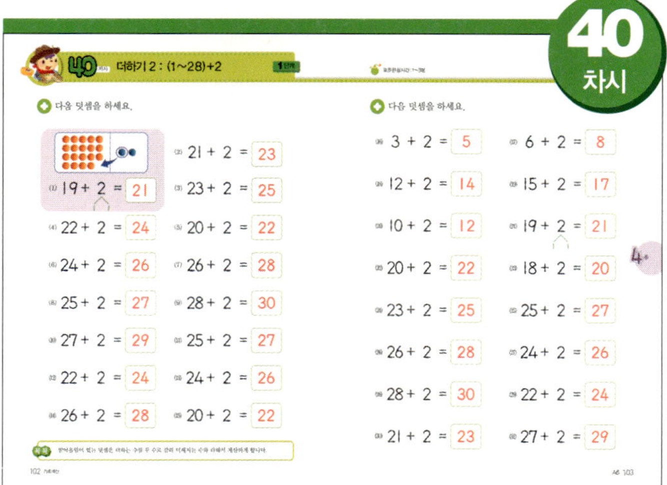

40 차시

40 더하기 2 : (1~28)+2

다음 덧셈을 하세요.

(1) 19 + 2 = 21
(2) 21 + 2 = 23
(3) 23 + 2 = 25
(4) 22 + 2 = 24
(5) 20 + 2 = 22
(6) 24 + 2 = 26
(7) 26 + 2 = 28
(8) 25 + 2 = 27
(9) 28 + 2 = 30
(10) 27 + 2 = 29
(11) 25 + 2 = 27
(12) 22 + 2 = 24
(13) 24 + 2 = 26
(14) 26 + 2 = 28
(15) 20 + 2 = 22
(16) 3 + 2 = 5
(17) 6 + 2 = 8
(18) 12 + 2 = 14
(19) 15 + 2 = 17
(20) 10 + 2 = 12
(21) 19 + 2 = 21
(22) 20 + 2 = 22
(23) 18 + 2 = 20
(24) 23 + 2 = 25
(25) 25 + 2 = 27
(26) 26 + 2 = 28
(27) 24 + 2 = 26
(28) 28 + 2 = 30
(29) 22 + 2 = 24
(30) 21 + 2 = 23
(31) 27 + 2 = 29

102~103쪽

- 수의 범위가 커지면 더하는 수만큼 물건을 가지고 와서 직접 세는 방법은 시간도 오래 걸리고, 잘못 세어 틀린 답을 말할 수도 있단다.
- 다음 다음의 수로 풀면 좀더 빠르고 정확하게 풀 수 있단다.

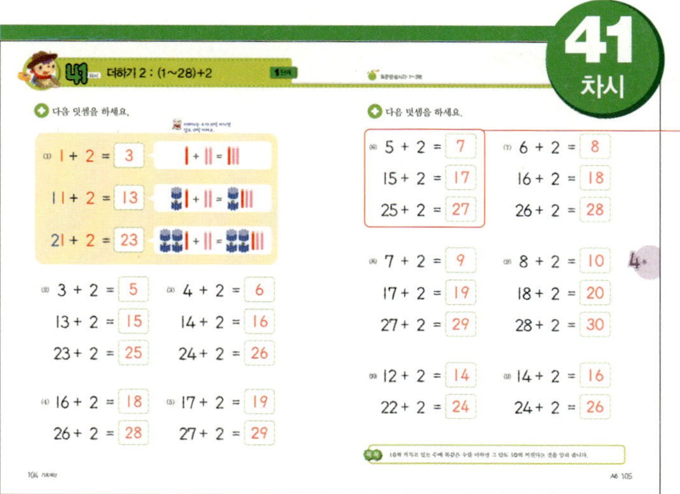

104~105쪽

- 일의 자리 숫자가 같은 덧셈식이 세 개가 있네.
- 더해지는 수의 일의 자리 숫자가 몇이니?
- 더하는 수는 몇일까?
- 더하는 수가 2로 같고, 더해지는 수만 10씩 커지니까 답도 10씩 커지는구나.

106~107쪽

- 더해지는 수가 크더라도 더하기 2 공부를 많이 해서 어렵지 않지?
- 물건을 놓고 직접 세어 보는 방법, 다음 다음의 수를 떠올려 푸는 방법 등 여러 가지 중 ○○가 쉬운 방법으로 풀어 보렴.

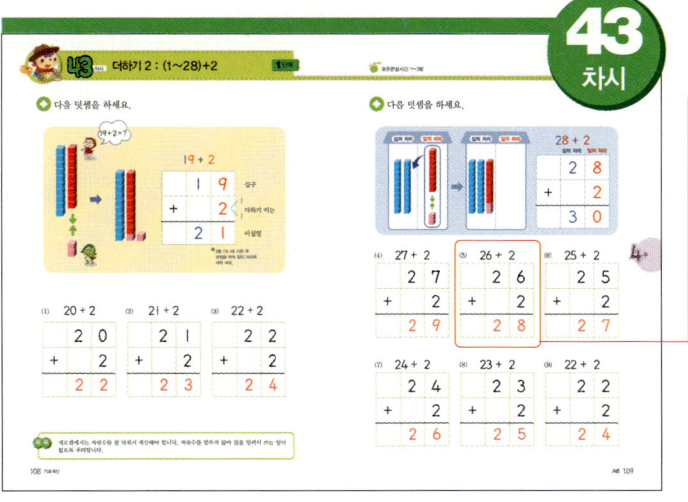

108~109쪽

- 26+2의 세로셈을 풀어 볼까?
- 26의 일의 자리 숫자인 6의 다음 다음의 수는 몇이니?
- 8은 일의 자리에 써야 하겠지?
- 십의 자리 숫자 2는 어디에 써야 할까? 자릿수를 잘 맞춰서 써 보자.

정답 및 지도서 A6

44 차시

44 더하기 2 : (1~28)+2

다음 덧셈을 하세요.

(1) 21 + 2 = 23 (2) 24 + 2 = 26 (3) 26 + 2 = 28

(4) 23 + 2 = 25 (5) 19 + 2 = 21 (6) 22 + 2 = 24

(7) 28 + 2 = 30 (8) 25 + 2 = 27 (9) 27 + 2 = 29

다음 덧셈을 하세요.

3 + 2 = 5, 5 + 2 = 7, 9 + 2 = 11

12 + 2 = 14, 19 + 2 = 21, 15 + 2 = 17

25 + 2 = 27, 27 + 2 = 29, 23 + 2 = 25

24 + 2 = 26, 28 + 2 = 30, 26 + 2 = 28

110~111쪽

세로셈은 자릿수를 잘 맞추어 써야 해. 일의 자리 숫자는 일의 자리에, 십의 자리 숫자는 십의 자리에 써 보렴.

45 차시

45 더하기 2 : (1~28)+2

다음 덧셈을 하세요.

+2	
19	21
20	22
21	23

+2	
22	24
23	25
24	26

+2	
25	27
26	28
27	29

+2	
28	30
15	17
17	19

다음 덧셈을 하세요.

+	2
28	30
27	29
26	28
25	27
24	26
23	25
22	24

+	2
21	23
20	22
19	21
18	20
15	17
14	16
12	14

112~113쪽

- 식을 세우지 않고 숫자만 보고 더하기 2를 바로 구할 수 있겠니?
- 바로 답이 떠오르는 것부터 구해 볼래? 어떤 방법으로 풀었는지 엄마한테 말해 줄 수 있겠니? 바로 답이 안 떠오르는 것은 식을 세워서(또는 다음 다음의 수를 생각해서) 다시 풀어 볼래?

46 차시

46 더하기 2 : (1~28)+2

다음 덧셈을 하세요.

+	24	22	19	26
2	26	24	21	28

+	21	28	23	18
2	23	30	25	20

+	27	25	17	20
2	29	27	19	22

다음 덧셈을 하세요.

+	13	19	24	8	27	16
2	15	21	26	10	29	18

+	22	14	26	18	15	28
2	24	16	28	20	17	30

+	9	23	25	17	20	21
2	11	25	27	19	22	23

114~115쪽

- 엄마가 불러 주는 숫자에 2를 더해 볼래?
- 머릿속으로 두 수를 더해서 답을 말해 보렴.
- 처음에는 어렵지만 여러 번 연습하면 점점 빨리 답을 말할 수 있게 된단다.

116~117쪽

- 은지네 집에 곰 인형이 19개 있는데 엄마가 2개를 더 사 주셨어. 곰 인형은 모두 몇 개가 될까?
- 같은 방법으로 이야기를 만들어 보고, 알맞은 덧셈식을 찾아보자.

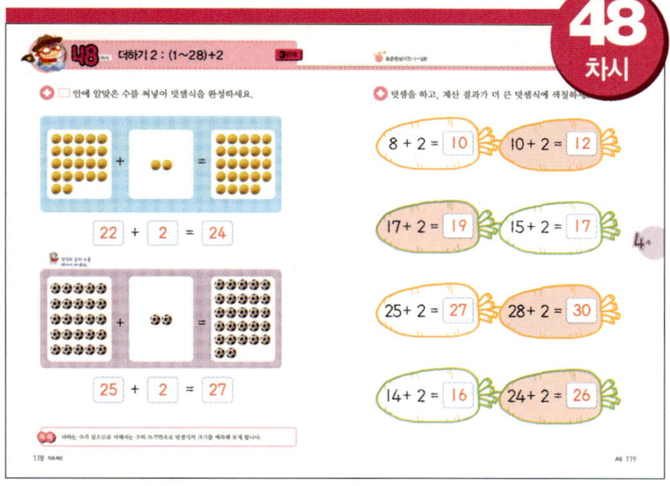

118~119쪽

- 계산식만 보고 두 덧셈식의 답 중 어느 것이 큰지 알겠니? 식만 보고 답을 생각해 보렴.
- (더해지는 수)+(더하는 수)
- 똑같이 2를 더하는 식이니까 더해지는 수가 클수록 답이 더 크단다.
- 네가 생각한 것이 맞는지 알아보자.

체크 포인트

❶ 손가락 세기, 물건 세기, 동그라미 그려서 세어 보기 등의 방법은 더하기의 기본 개념을 이해하는 데 도움이 되기는 하지만 큰 수 더하기에는 적용하기 힘든 방법입니다. 더하기의 기본 개념을 이해한 후에는 수 세기와 문제 풀이 연습을 꾸준히 하여 머릿속으로 생각하여 답을 적는 연습을 지속적으로 훈련시켜 주세요.

❷ 더하기 2 문제를 어려워하면, 왜 어려워하는지 아이와 이야기를 나눈 다음 해결 방안을 제시해 주세요. 곧 더하기 3 학습을 하므로 이전 교재 복습과 구두 테스트를 통해 완전 학습을 시켜 주세요.

정답 및 지도서 A6

120~122쪽

충분한 연습을 했으므로 구체물을 이용하지 않고 바로 답을 할 수 있도록 합니다. 어려워할 경우 차근차근 풀게 하거나 다시 앞의 과정을 연습하도록 합니다.

종합 평가 A6

다음 덧셈을 하세요.

(1) 4 + 1 = 5
(2) 5 + 2 = 7
(3) 7 + 2 = 9
(4) 6 + 1 = 7
(5) 11 + 1 = 12
(6) 14 + 2 = 16
(7) 15 + 2 = 17
(8) 17 + 1 = 18
(9) 19 + 1 = 20
(10) 18 + 2 = 20
(11) 21 + 2 = 23
(12) 24 + 1 = 25
(13) 23 + 1 = 24
(14) 25 + 2 = 27
(15) 26 + 2 = 28
(16) 29 + 1 = 30
(17) 4 + 2 = 6
(18) 7 + 1 = 8
(19) 1 + 1 = 2
(20) 9 + 2 = 11
(21) 12 + 2 = 14
(22) 13 + 1 = 14
(23) 15 + 1 = 16
(24) 17 + 2 = 19
(25) 19 + 2 = 21
(26) 20 + 1 = 21
(27) 18 + 1 = 19
(28) 24 + 2 = 26
(29) 22 + 2 = 24
(30) 25 + 1 = 26
(31) 26 + 1 = 27
(32) 27 + 2 = 29
(33) 23 + 2 = 25
(34) 28 + 1 = 29

종합 평가 A6

(35) 2 + 2 = 4
(36) 9 + 1 = 10
(37) 8 + 2 = 10
(38) 11 + 1 = 12
(39) 16 + 2 = 18
(40) 22 + 1 = 23
(41) 23 + 2 = 25
(42) 20 + 1 = 21
(43) 19 + 2 = 21
(44) 28 + 1 = 29
(45) 24 + 2 = 26
(46) 27 + 2 = 29